GAOZHI YUANXIAO
NEIBU ZHILIANG BAOZHENG TIXI
JIANSHE YANJIU YU SHIJIAN

高职院校内部质量保证体系建设研究与实践

王如荣 / 著

图书在版编目(CIP)数据

高职院校内部质量保证体系建设研究与实践 / 王如荣著. — 苏州：苏州大学出版社, 2023.11
ISBN 978-7-5672-4595-2

Ⅰ.①高… Ⅱ.①王… Ⅲ.①高等职业教育-教学管理-研究 Ⅳ.①G718.5

中国国家版本馆 CIP 数据核字(2023)第 224047 号

书　　名	高职院校内部质量保证体系建设研究与实践
著　　者	王如荣
责任编辑	刘一霖
出版发行	苏州大学出版社
	（苏州市十梓街 1 号　215006）
印　　刷	镇江文苑制版印刷有限责任公司
开　　本	718 mm×1 000 mm　1/16
印　　张	12.5
字　　数	212 千
版　　次	2023 年 11 月第 1 版
	2023 年 11 月第 1 次印刷
书　　号	ISBN 978-7-5672-4595-2
定　　价	48.00 元

图书若有印装错误，本社负责调换
苏州大学出版社营销部　电话:0512-67481020
苏州大学出版社网址　http://www.sudapress.com
苏州大学出版社邮箱　sdcbs@suda.edu.cn

前 言

 2013年11月,党的十八届三中全会审议通过的《中共中央关于全面深化改革若干重大问题的决定》提出,"深入推进管办评分离,扩大省级政府教育统筹权和学校办学自主权,完善学校内部治理结构"。为构建"主体自治、政府监管、社会监督"新型关系,2015年教育部办公厅发布了《教育部办公厅关于建立职业院校教学工作诊断与改进制度的通知》(教职成厅〔2015〕2号),决定逐步在全国职业院校建立教学工作诊断与改进(简称"诊改")制度。这是在管办评分离背景下实施的一项改革探索,旨在建立职业院校教学工作诊改制度,引导和支持学校全面开展教学诊改工作,切实发挥学校的教育质量保证主体作用,不断完善内部质量保证制度体系和运行机制,推动教育行政部门加强事中、事后监管,对加快发展现代职业教育具有重要意义。随后教育部发布了《关于印发〈高等职业院校内部质量保证体系诊断与改进指导方案(试行)〉启动相关工作的通知》(教职成司函〔2015〕168号)、《关于确定职业院校教学诊断与改进工作试点省份及试点院校的通知》(教职成司函〔2016〕72号)、《关于全面推进职业院校教学工作诊断与改进制度建设的通知》(教职成司函〔2017〕56号)等文件,系统推进和部署职业院校诊改制度建设。2020年9月,教育部等九部门联合印发了《职业教育提质培优行动计划(2020—2023年)》。2021年7月,中共中央办公厅、国务院办公厅印发了《关于推动现代职业教育高质量发展的意见》(中办发〔2021〕43号),明确要求推进职业学校教学工作诊改制度建设。深入推进教学工作诊改制度建设,切实发挥学校质量保证的主体作用,既是职业院校建立常态化人才培养质量自主保证机制的一项创新性工作,也是职业教育战线反响巨大、备受关注的一项基础性、长远性工作,对深化新时代职业教育评价改革具有重要且深远的意义。

 为深入研究高职院校内部质量保证体系建设,笔者紧扣职业教育完善质量保证机制主题,解读了职业教育高质量发展对质量保证体系建设的新要求，全面梳理了职业教育内部质量保证即职业院校诊改制度建设历程，系统介绍了试点院校探索实践，点评分析了试点院校在学校、专业、课程、教师及学生五个层面的诊改探索实践，并结合专业认证试点工作，探究了职业教育质量外部评价方式。这些成果作为江苏省教育科学"十四五"规划课题"职业教育质量评价与监测指标体系研究"和江苏省2022年教育评价改革试点项目"省域高职教育质量监测与评价体系改革与建设"等的阶段性研究成果，能为职业院校建设内部质量保证体系和探索实施外部评价提供理论基础和实践指导。

本书分六章，第一章梳理高职院校诊改制度推进历程，阐述内部质量保证体系运行单元即"8"字形质量改进螺旋（简称"'8'字形螺旋"）脉络、内涵等；第二章介绍高职院校内部质量保证体系建设现状，介绍省级层面推进情况、高职院校诊改制度建设情况及对诊改常态化运行的思考；第三章介绍高职院校内部质量保证体系建设实践，以扬州工业职业技术学院为例，详细介绍诊改运行实施方案，学校、专业、课程、教师及学生五个层面诊改制度建设情况，现代质量文化及信息化平台建设情况；第四章点评高职院校内部质量保证体系建设先进做法，从学校、专业、课程、教师及学生五个层面和信息化平台建设层面分享部分院校的实践案例；第五章提出高职院校诊改制度建设的推进建议，结合问卷调查，分析省级层面和高职院校诊改制度建设存在的问题，并提出针对性建议；第六章介绍高职院校专业认证探索实践，阐述专业认证基本内涵，辨析诊改、评估及专业认证关系，并以江苏省高职专业认证试点专业为例，介绍专业认证探索情况。

本书汇聚了扬州工业职业技术学院、无锡职业技术学院、常州工程职业技术学院、黄河水利职业技术学院、淄博职业学院、滨州职业学院、江苏航运职业技术学院和南京信息职业技术学院等国家级、省级诊改试点院校诊改制度建设智慧的结晶，为江苏乃至全国职业院校构建教育内部保证和教育外部评价协调配套的共同保障质量局面提供学术参考。

目录
CONTENTS

第一章　高职院校内部质量保证体系建设理论基础　/ 1
 1.1　高职院校诊改制度推进历程　/ 2
 1.2　内部质量保证体系运行单元　/ 4

第二章　高职院校内部质量保证体系建设现状　/ 15
 2.1　省级层面诊改推进情况　/ 16
 2.2　高职院校诊改制度建设情况　/ 21
 2.3　高职院校诊改常态化运行思考　/ 34

第三章　高职院校内部质量保证体系建设实践　/ 37
 3.1　学校诊改运行实施方案　/ 38
 3.2　学校诊改工作实践　/ 70
 3.3　诊改制度体系　/ 108
 3.4　现代质量文化　/ 109
 3.5　信息化平台建设　/ 112

第四章　高职院校内部质量保证体系建设案例　/ 121
 4.1　学校层面案例　/ 122
 4.2　专业层面案例　/ 128
 4.3　课程层面案例　/ 146
 4.4　教师层面案例　/ 151
 4.5　学生层面案例　/ 156
 4.6　平台建设案例　/ 162

第五章　高职院校诊改制度建设推进建议　／171

　　5.1　高职院校诊改制度建设存在的问题　／172

　　5.2　高职院校诊改制度建设的建议　／173

第六章　高职院校专业认证探索实践　／177

　　6.1　专业认证基本内涵　／178

　　6.2　试点学校专业认证实施办法　／181

　　6.3　省级试点专业认证报告　／186

参考文献　／193

后记　／194

第一章

高职院校内部质量保证体系建设理论基础

2013年11月,党的十八届三中全会审议通过的《中共中央关于全面深化改革若干重大问题的决定》提出:"深入推进管办评分离,扩大省级政府教育统筹权和学校办学自主权,完善学校内部治理结构。强化国家教育督导,委托社会组织开展教育评估监测。"2015年5月,教育部发布了《教育部关于深入推进教育管办评分离 促进政府职能转变的若干意见》(教政法〔2015〕5号),对教育领域全面贯彻落实党的十八届三中、四中全会精神和深入落实《国家中长期教育改革和发展规划纲要(2010—2020年)》做了部署,指出"推进管办评分离,构建政府、学校、社会之间新型关系,是全面深化教育领域综合改革的重要内容,是全面推进依法治教的必然要求"。同年6月,教育部办公厅发布了《教育部办公厅关于建立职业院校教学工作诊断与改进制度的通知》,要求职业院校建立教学工作诊改制度,切实发挥学校的教育质量保证主体作用,推动教育行政部门加强事中、事后监管,履行管理职责。可见,诊改是在管办评分离背景下实施的一项改革探索,是发挥职业院校的教育质量保证主体作用,完善内部质量保证制度体系和运行机制的重要举措和制度安排,对加快发展现代职业教育具有重大意义。

1.1 高职院校诊改制度推进历程

自 2015 年以来，各级教育行政部门和国家、省两级职业院校教学工作诊改专家委员会及广大高职院校积极推进诊改工作，主动探索实践，取得了显著的理论研究成果，形成了可借鉴、可推广、可复制的案例范式。回顾诊改制度推进历程，概括起来可以分为萌芽孕育、顶层设计、实践探索、深入推进四个阶段。

2013—2015 年为萌芽孕育阶段。2013 年第二轮高职院校评估结束后，教育部成立了"职业教育评估系统架构与高职院校下轮评估实施方案的研究与实践"课题组，杨应崧教授任课题组组长，领衔研制第三轮高职院校评估方案。此时，党的十八届三中全会提出推进管办评分离。教育部为落实全会精神，推进教育领域管办评分离，把高职院校人才培养工作评估职能从职业教育与成人教育司转移到教育督导局（国务院教育督导委员会办公室），并叫停了即将开展的第三轮高职院校评估工作。2015 年 1 月，课题组的工作重心从研究评估实施方案转向研究职业院校教学工作诊改制度及相关问题。经过多次调研、交流，课题组逐步确立了以职业院校为主体的内部质量保证共识，设计了职业院校内部质量保证体系基本架构，提出了基于目标管理和知识管理的"8"字形螺旋。

2015—2016 年为顶层设计阶段。高职院校诊改制度设计和安排部署主要有两个标志性文件。一是 2015 年 6 月发布的《教育部办公厅关于建立职业院校教学工作诊断与改进制度的通知》。这是职业院校诊改制度建设的部署性文件，明确了五个主要任务，其中三个：首先，理顺工作机制。学校要形成自主诊改、主管部门抽样复核的工作机制。其次，落实主体责任。学校要履行质量保证主体责任，构建校内"三全"（全员、全过程、全方位）育人质量保证制度体系。再次，数据系统支撑。学校要建立校本人才培养工作状态数据管理系统，为科学决策提供数据支撑。二是 2015 年 12 月发布的《关于印发〈高等职业院校内部质量保证体系诊断与改进指导方案（试行）〉启动相关工作的通知》。这是高职院校诊改工作指导性文件，进一步明确了三项主要任务：第一，完善高职院校内部质量保证体系。学校要形成全要素网络化的内部质量保证体系。第二，提升教育教学管理信息化水平。学校要进一步加强人才培养工作状态数据管理系统的建设与应用。第三，树立现代质量文化。学校要促进全员、全过程、全方位育人。2016年，教育部职业教育与成人教育司成立了全国职业院校教学工作诊断与改进专家委员会（简称"全国诊改专委会"），聘请了来自主管部门、教育研究机构及行业企业的78名委员，并遴选了27所高职院校作为全国诊改试点院校，鼓励先行先试。各试点院校按照试点要求，全面启动试点工作，积极探索实践，并于2017年上报诊改运行实施方案。与此同时，各省（自治区、直辖市）启动了省级试点院校遴选，组建省级职业院校教学工作诊断与改进专家委员会（简称"省级诊改专委会"）。国家、省两级诊改专委会面向专家、职业院校校长及院校诊改工作负责人等开展分类培训。

  2017—2020年为实践探索阶段。继启动诊改试点之后，教育部于2017年发布《关于全面推进职业院校教学工作诊断与改进制度建设的通知》，就全面推进高职诊改制度建设提了五个工作要点：一是加强领导。省级教育行政部门要切实履行对诊改工作的领导职责。二是细化方案。各地要进一步完善省级职业院校诊改工作规划（2017—2020年）和实施方案。三是试点引领。试点省（自治区、直辖市）要加强对试点院校工作的督促指导。四是全面培训。各地要全面开展分层分类培训，职业院校要面向师生开展培训。五是注重宣传。各地要健全和落实省级诊改公告制度，职业院校要及时反映诊改工作进展与成果。经过试点院校实践探索，全国诊改专委会及时纠偏。2018年11月，陕西工业职业技术学院率先开展试验性复核。在此次复核调研基础上，全国诊改专委会发布了《关于印发〈高等职业院校内部质量保证体系诊断与改进复核工作指引（试行）的通知〉》（职教诊改〔2018〕25号）、《关于印发〈高职院校内部质量保证体系诊断与改进试点院校复核专家工作手册（试行）〉的通知》（职教诊改〔2019〕27号），作为全国高职诊改试点复核工作的依据。2019年4月，无锡职业技术学院作为第一家正式复核的试点院校，接受全国诊改专委会复核。此后全国诊改专委会分三个批次开展全国试点院校诊改复核工作。截至2020年年底，24所全国高职诊改试点院校接受了复核，且结论均为"有效"。全国32个省（自治区、直辖市）（含新疆生产建设兵团，下同）积极推进高职院校诊改工作，相继向全国诊改专委会报送了省级高职院校内部质量保证体系诊改工作实施方案，进一步推进了省域高职院校诊改和复核工作。

2020年下半年至今为深入推进阶段。2020年9月，教育部等九部门联合发布《职业教育提质培优行动计划（2020—2023年）》，明确提出各地应"深入推进职业学校教学工作诊断与改进制度建设，切实发挥学校质量保证主体作用"。这是教育主管部门发出的明确信号。该文件坚定了各地推进职业学校诊改工作的决心，消除了部分院校和领导的观望态度。2021年7月，中共中央办公厅、国务院办公厅印发了《关于推动现代职业教育高质量发展的意见》（中办发〔2021〕43号），再次明确推进职业学校教学工作诊改制度建设的重要意义。这是继提质培优行动计划之后，上级部门从落实全国职业教育大会精神的高度，再次部署诊改工作，意义重大。如今，各级教育主管部门推进诊改工作的态度坚决，有效统一了各方面深入推进诊改工作的认识。以江苏省为例，继江苏省教育厅发布《省教育厅关于印发江苏省职业教育质量提升行动计划（2020—2022年）的通知》（苏教职〔2020〕6号），为进一步落实中共中央办公厅、国务院办公厅的文件精神，中共江苏省委办公厅、江苏省政府办公厅印发了《省委办公厅 省政府办公厅印发关于推动现代职业教育高质量发展实施意见的通知》（苏办发〔2022〕5号），提出"健全标准与质量保证体系。……完善职业院校人才培养质量保障体系，全面推行教学工作诊断与改进制度……"。

1.2 内部质量保证体系运行单元

1.2.1 "8"字形螺旋产生脉络

为扎实推进职业院校诊改工作，指导职业院校内部质量保证体系建设，全国诊改专委会设计了"55821"的职业院校内部质量保证体系基本架构。其中，第一个"5"即决策指挥、质量生成、资源建设、支持服务、监督控制纵向五个系统；第二个"5"即学校、专业、课程、教师、学生横向五个层面；"8"指"8"字形螺旋；"2"指双引擎，即文化引擎和机制引擎；"1"指信息化平台。该体系要求职业院校在学校、专业、课程、教师、学生五个层面建立"8"字形螺旋。此前，不少职业院校已在内部质量管理中引入戴明循环（PDCA）、ISO质量认证体系等方法。为了帮助大家准确理解

"8"字形螺旋,全国诊改专委会主任委员杨应崧专门撰文,介绍"8"字形螺旋产生脉络,强调"8"字形螺旋不能被 PDCA 等体系代替,也不能简化成"O"字形或"一"字形。

(一)"8"字形螺旋产生脉络

在社会活动和社会事务产生过程中,相应的管理活动包括对质量的关注和管理,但时代特点和管理水平导致了质量控制方式的差异。不同时代的质量控制方式主要有以下几种。

1. "线段状"模式

杨应崧认为,第一次工业革命打开了通向工业经济时代的大门,随着社会生产力的发展、生产关系的深刻变革,科学管理应运而生,并不断发展和完善。这个时代的科学管理模式包括以法定权力为基础、分工精细、权责相符、等级分明的科层式组织形式及与之相适应的工作方式:任务—计划—组织—实施—总结—激励(奖惩),被称为"线段状"模式。该模式一事一议、有始有终、条理清晰、实施简便,也确有成效,因此在很长的历史时期中被广泛接纳和采用。

然而,在社会人员、信息、资金、技术等流变不大的环境中"线段状"模式常常带来如下问题:各层级领导者、管理者危机意识不强、全局观念淡薄、权责混淆不清,目标、任务设置不科学乃至口号化,过程管理简单粗放,绩效判断主观随意等,不仅削弱了目标(特别是阶段性现实目标)作用,而且给报告留下太多修饰描摹的空间。因此,总结和报告也就失去了应有的激励、反思及改进作用,更谈不上前鉴后师、持续改进。这些问题在非生产领域尤其常见。

2. 戴明循环

随着经济社会发展进步,社会人员、信息、资金、技术等流变水平快速提高,戴明学说崭露头角,其核心思想体现于"戴明 14 点"中,其中影响最为广泛的是戴明循环,即 PDCA 循环。戴明循环由计划、实施、检查、改进四个相互衔接的基本环节组成(图 1-1)。主要内涵包括四点:一是计划包含长远目标、原则、方针的确立。戴明一再强调,最高领导层要从纷繁复杂的日常事务中解脱出来,确定正确的发展战略,把改进产品质量和服务作为恒久的目标,永远以质量取胜。二是检查要用数据说话。戴明创立了在质量管理中引入统计学的理论,是把统计分析技术应用于非生产活动的先驱者。三是 PDCA 不是一个封闭的圆环，而是有始无终、首尾相继、螺旋上升的质量提升过程。四是该循环适用于各个层面，最终形成"大环套小环"的总体格局。

图 1-1　戴明循环示意图

但戴明循环在实践中常常出现的问题有：检查以事后总结材料为主，流于形式；改进滞后且针对性不强，改进的效果不明显；循环只存在于最高管理层，没有下层"小环"的承载和互动，未能消除一切削弱员工积极性的因素。分析以上问题产生的原因，除了实践者本身认知不深和应用不熟外，还有另外两个影响因素存在：一是戴明循环对在质量保证中起着关键作用的目标关注得不够。戴明循环中的计划尽管包含了目标的确立，但只是停留在长远的、战略性的一般描述上。计划强调的是"质量不是来源于检验"，应当坚持防患于未然的理念。而且，戴明竭力反对为员工设定可计量的目标。目标的不清晰、不具体自然导致检查的随意和结论的模糊，目标的作用无法得到充分体现。二是囿于当时的信息技术，在多数情况下，数据无法实现源头实时采集，更遑论即时交流、互动、分析、展示。所以，戴明所提倡的"用数据说话"只能停留在对历史数据的统计分析上，可以起亡羊补牢的作用，却很难做到监测预警、实时改进。

3. 目标管理理论

20 世纪 50 年代，美国"现代管理之父"彼得·F. 德鲁克（Peter F. Drucker）提出"目标管理"概念。他认为：管理首先要明确目标；目标管理应成为管理者的第一要务；目标管理的最大优点在于产生自我激励，激发人的内在动力和潜力。这个理论的贡献在于，不仅强调了目标的重要性，而且要求高层管理者对所确定的总体目标进行逐层分解，并落实到每个部门和每个人，形成完整的目标体系。目标管理理论弥补了戴明循环的不足。如果依据目标管理理论对戴明循环进行修正，将目标的确立作为工作起点（图 1-2），并有具象化的标准予以支撑，检查就能简单明了，反馈就能有的放矢，改进就能收到成效。伴随总体目标的逐层分解，"大环套小环"的联动机制就水到渠成了。

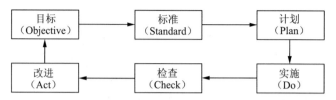

图 1-2　戴明循环用目标管理理论改进后的工作模式示意图

4. "双台"模式

计算机和存储技术引发了第二次数据爆炸，人类社会由此进入知识经济时代。知识经济时代必然呼唤适应其特点和规则的新的组织形式出现，学习力和创造力则成为组织和个人的核心竞争力。

知识管理理论认为，在知识经济时代，必须坚决摈弃凭着经验或者感觉实施的所谓"改进"，因为，如果在变化"快、广、深、大"，迭代周期极短的世界里，某个主体不拥有改善心智模式的自觉，不掌握最新的知识与技术，不具备创新的思维与能力，其"改进"就只能是顾此失彼或来回折腾。杨应崧认为，无论是组织还是个人的工作方式都必须从工业经济时代的只有"前台"转变为知识经济时代的既有"前台"又有"后台"的方式。所谓"后台"，是指完成一项任务之后，必须进行认真地回顾、反思、诊断、评价，深挖存在的主要问题，剖析其产生的原因，并加以有效的改进。该理论同时强调，"改进"的前提和基石是知识的学习和创新。图 1-3 是借助学习型组织理念，对前面所述的工作方式修正后的示意图。

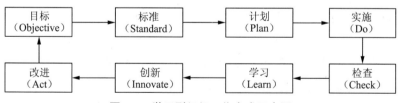

图 1-3　学习型组织工作方式示意图

5. "8"字形螺旋

随着网络信息技术的发展，当今社会几乎所有数据的实时采集、瞬时共享、即时交流、及时展现已经成为可能，全员、全过程、全方位保证终将成为现实。教育教学不再满足于事后总结回顾、统计分析和亡羊补牢式整改，而是必须高度重视过程实时监控，将一切可能影响人才培养质量的问题消弭在萌芽状态。正是出于这样的考虑，才有"8"字形螺旋（图1-4）的产生。

图1-4 "8"字形螺旋示意图

"8"字形螺旋是杨应崧教授的一项创新性研究成果，循着质量保证理论与实践发展的脉络来看，"8"字形螺旋也是现代质量管理发展和"零缺陷"思维应用的必然。

（二）"8"字形螺旋的现实意义

杨应崧认为，以"8"字形螺旋为基本单元的职业院校内部质量保证体系架构的现实意义主要有：

第一，通过强调质量目标的科学设置和相应标准的建立，促使各层面主体清醒认识到质量保证的应尽责任。各主体要主动深入实际、探索社会需求，始终坚持服务"两个发展需求"（社会经济发展需求和人的全面发展需求）的正确方向，通过共同打造"目标链"和"标准链"，逐步实现顶层设计和分层对接统筹，达到凝心聚力、相互激励、协同共进的作用。

第二，有利于促使各层面主体自觉以目标为统领、以问题为导向，做到事先深思熟虑、事中监控纠偏、事后提升改进，始终保持旺盛的学习力和创造力，激发谋进求变的内在动力。

第三，有利于创造"人人有责、人人尽责、人人享有"的先进质量文化。各主体有效运行"8"字形螺旋，必定形成上下、左右之间的联动机制，由此产生"1+1>2"的团队学习力和创造力，也有助于消除工作中的盲点和死角。

第四，把"三全"从设想变为现实。"三全"保证质量的设想由来已久，实施难点在于技术难支撑、载体不落实。如今，网络信息技术条件已经具备，再将主体和"8"字形螺旋相结合，载体问题迎刃而解，"三全"也就不难落到实处。

笔者结合诊改试点院校的实践，将企业诊断学、目标管理、零缺陷思维、知识管理等理论引入实践中，提出了多元主体质量治理的"诊断与改进"工作模式。该模式遵循了"55821"职业院校内部质量保证理论体系，按照"质量归根结底靠自身保证"的理念，以打造契合院校发展、人才培养的目标链、标准链为诊改逻辑起点，做实目标的质量标准，同时借助信息技术实现源头数据即时采集、过程实时监测预警与分析，构建了学校、专业、课程、教师和学生五个层面适时诊改的常态化内部质量自主保证运行模式。该模式可通过岗位激励、认可激励、考核激励、成长激励等激发质量生成活力，塑造质量精神和质量文化。

实践表明，"8"字形螺旋不是为诊改凭空杜撰的虚妄概念，它不仅融入了戴明的持续改进理念，还确立了目标的起点地位，突出了学习力和创造力培育。如今，有现代网络信息技术的支撑，具备了伴随过程的即时改进条件，使得"全员参与质量保证""零失败教育"等美好愿望有了实现的可能性。从"线段状"模式到PDCA循环到"双台"模式再到"8"字形螺旋的演进，这折射出从工业经济到知识经济再到新工业时代的变迁脉络，是中国职业教育对第四次工业革命带来的新形态、新需求的探索性回应。

1.2.2 "8"字形螺旋内涵解析

"8"字形螺旋由上下两个循环、13个步骤构成，内涵丰富。每个步骤都有操作要点，需要在实践中探索。为了便于理解，有学者将"8"字形螺旋分为事前、事中、事后三个阶段（也称"三部曲"），即"事前设定目标标准、事中进行监测预警、事后开展诊断改进"，强调的是自设目标、自定标准、自我监测、自我改进。下面以学校层面为例，介绍"8"字形螺旋各步骤要点。

（一）事前设定目标标准

"8"字形螺旋运行起点就是设定目标，接着是明确标准、制订计划、组织实施……因此，目标如何设定，标准如何明确，是该阶段的主要问题，也是螺旋运行的前提。

（1）目标：从管理学角度看，制定学校发展目标的方法很多，如战略要素评价矩阵、SWOT分析、战略竞争性比较基准评价等。学校在制订事业发展规划时，多采用SWOT分析法，通过分析内部优势、劣势，以及外部机会、挑战，从而确定发展方向和目标。

（2）标准：每个目标是否实现，怎么判断，必须有具体可测的量化标准。因此，如何制定量化标准就显得尤为重要，需要运用SMART原则，对每一个目标进行量化，形成可测量标准体系。比如，学校层面以事业发展规划为目标体系，如何衡量目标是否达成？一般都要确定核心指标或标志性成果，而每一项指标或成果都有明确的等级、数量等要素。

（二）事中进行监测预警

此阶段包含"8"字形螺旋中设计、组织、实施、监测、预警、改进环节，即上螺旋部分。该阶段特点是依托信息平台，按监测预警周期，对标找差、常态纠偏、持续改进、优化设计，再进入下一轮监测，循环往复。

（1）设计：根据目标标准，制订年度及月度工作计划，根据计划制定工作方案。在学校层面，每个部门根据学校发展目标和年度重点工作，制订具体工作实施计划，在实施过程中，可以随着实施情况进行调整和优化。

（2）组织：对设计的阶段性计划、方案进行实施前的准备，根据计划实施需要，进行部门内部协调和部门之间协调，包括人、财、物等资源调用和分配。

（3）实施：在组织协调到位后，根据部门（岗位）分工，下发目标任务，有效开展工作实施。每个部门、每个人都要按照工作计划和完成标准开展工作。

（4）监测：依托信息化平台，实时监测任务完成进度及质量，反馈监测结果。该步骤首先要明确监测的对象、方法，确定监测过程输出指标结果。

（5）预警：对照设定目标标准值、预警值，按照预警周期，对监测反馈的结果进行比较，以诊断点形式，对明显问题自动预警，通过信息平台自动推送给各质量主体，由质量主体予以及时纠正。

（6）改进：针对预警出现的问题，逐一分析，找出问题原因，形成改进措施，优化执行进度和质量，按照对标对表、逐一改进的原则，对能立即解决的问题立即改进，对不能解决的问题采取优化执行进度或反馈到设计步骤的方式，根据实际情况或者新问题，优化调整实施计划，进入下一个监测预警周期，循环往复。

（三）事后开展诊断改进

事后开展诊断改进是按照诊改周期，自我诊断，总结经验，激励创新，尤其是对存在的问题重点分析原因，形成改进措施。杨应崧称该阶段为问题导向阶段，通过诊断将前后两个阶段连接起来，起到引发改进的关键作用，最终实现目标导向和问题导向的统一。

（1）诊断：诊断需要对照既定的目标标准，依托信息化平台，按照诊断周期开展自诊，统计分析数据，得出任务完成情况，对未完成的任务分析原因，形成改进措施，撰写诊改报告。

（2）激励：激励是诊断的动力，是激发内生动力的重要方法。激励可以是考核性激励，也可以是发展性激励。因此，各部门应建立有效的激励机制，在一个诊改周期结束后，开展考核性评价，注重考核绩效，用好激励措施，激发内生动力。需要强调的是，激励的对象是全员，是所有质量主体，不能只针对几个关键人物。此外，激励必须基于真实情况。确保数据真实才能进行有效的绩效评价与成效评价。

（3）学习：针对诊断出现的问题予以分析。通过学习目标管理、知识管理等管理理论及考核理论等知识，个体和团队彼此交流互动，分享显性和隐性知识，提升质量主体的能力水平。

（4）创新：每一个质量主体都是创新的个体，通过制度和机制创新、流程和方法创新，增强工作能力，改进工作方式，增强质量主体履责能力。

（5）改进：此处的"改进"不同于监测预警阶段的"改进"。监测预警阶段的"改进"是针对监测预警出现的问题，优化调整设计环节的计划。此处的"改进"关键是提出改进措施，优化考核方案，并追踪改进过程与成效。值得注意的是，改进措施是经过学习、创新后提出的有效可行的措施，着眼于解决关键问题。改进之后，进入下一个诊改周期，需要及时优化调整既定目标标准。龚方红教授等认为，该阶段通过"诊断"将问题导向与目标导向结合，该阶段的另一项重要工作便是判断目标达成度、目标适切性，从而完成目标更新与绩效评价。

杨应崧认为，由于受到内外部诸多因素的影响，诊改目标不可避免地存在适切性问题。针对这一问题可以以信息熵理论为基础，通过计算实践水平与预定目标水平差距的信息熵和相对熵，构建目标适切性测度模型，对目标适切性进行验证性的精准测度，从而为目标的修正和后续（下一阶段）目标的制定提供量化参数和可靠依据。数据分析在诊改中十分重要。质量主体的积极性是实现目标导向与问题导向的基础。建立动力机制、搭建完善的诊改平台是"8"字形螺旋顺畅运行的关键。

1.2.3 "8"字形螺旋认识误区

杨应崧指出，"8"字形螺旋的建立涉及工作中的所有层面、岗位、人员，是对传统思维方式和工作习惯的颠覆性改造，而且没有成熟的样板或经验可供学习借鉴。职业院校要将现代质量意识和先进质量保障理论、方法逐层传递给学校所有师生，引导大家全面、准确、深刻地理解和把握其实质。常见的认识误区主要有以下几个：

一是质量主体不一。"8"字形螺旋是适应当今时代要求、普遍适用于各层面主体的工作方式，是将质量保证责任落实到人的可靠载体，是主体"自我净化、自我完善、自我革新、自我提高"意识的准确体现。然而，在实际工作中，若简单地将其异化为衔接不同主体的管理流程，结果就是各种"螺旋"满天飞，"8"字形螺旋的实质内涵面目全非，实践意义荡然无存。

二是工作起点迷失。诊改逻辑起点是目标和标准，强调的是知识管理和目标管理，坚持目标引领和问题导向。无数事实表明，如果工作缺少目标、标准，自我诊断就成了现状罗列、自我表彰，问题导向就只能是走形式，最终导致质量主体忘记主体地位、没有责任担当、遏制内生动力。

三是运行忽视联动。质量管理大师约瑟夫·M. 朱兰（Joseph M. Juran）曾经指出，在所发生的质量问题中，只有20%来自基层操作人员，而80%是领导责任所引起的。同样地，学校某一层面自我诊断发现的问题往往不全是该层面的主体造成的，也不仅是该层面能够独自解决和改进的。因此，学校应当坚持"系统治理""综合施策"理念，针对诊断出的问题，实事求是地分析原因，找到相关主体的责任，各负其责加以改进，由此产生联动机制，逐步形成"共创、共治、共享"的良好氛围。

四是学习创新不够。诊改做得不好的院校都不重视学习，进而不能创造性地推进诊改。在知识经济时代，学习和创新是改进的前提和基石。针对如何科学地树立目标、制定标准，如何选择诊断点、设置预警值，如何设计实施方案、链接激励机制，如何梳理职责、完善制度，如何应用网络信息技术改变教学、学习、工作、管理形态等，有的院校开发了一站式网上办事大厅，有的设计了"学生画像""教师画像"，有的引入了"一页纸"过程管理，有的建立了自下而上的诊改联动机制，有的正在探索从形式到内容的转型升级。

五是制度建设欠缺。从无到有建立"8"字形螺旋必须要有相应的制度做保证，建设过程既要明确主体责任、建设标准，又要明确自诊周期、改进实施、效果考核等运行要求，否则，建立内部质量保证体系就永远是坐而论道、纸上谈兵。

1.2.4 "8"字形螺旋应用要点

针对诊改过程中"8"字形螺旋应用存在的误区，结合问卷调查反馈，杨应崧等对全国诊改试点院校的诊改运行实施方案进行了分析，发现了建立和运行存在的问题，结合其演进脉络、产生历程以及试点院校的实践经验，提出"8"字形螺旋应用需要注意几个要点。

一要加强对质量治理新理念的学习和实践。"8"字形螺旋的核心是各层面质量保证主体自我诊改、自主保证。职业院校要通过分层分类培训，帮助师生准确把握、深刻领悟诊改理念和"8"字形螺旋内涵要义，使其最终变为师生的自觉行动。

二要明确责任主体，健全螺旋运行制度。为保证各层面"8"字形螺旋运行顺畅、监测预警及时、诊断改进有效，学校需要明确各层面责任主体和诊改周期等。从试点院校的实践看，学校层面的工作一般以二级单位为主体，以年度为诊改周期，按月度监测预警；专业层面的诊改主体是专业团队，一般以三年为诊改周期，按学期监测预警；课程建设诊改主体是课程团队，一般以立项建设周期为诊改周期，按季度监测预警；课程教学诊改主体是任课教师，一般以学期为诊改周期，按半个月监测预警；教师层面诊改主体是教师个人，一般以岗位聘任期为诊改周期，按月度监测预警；学生层面诊改主体是学生个人，一般以学期为诊改周期，按月度监测预警。学校对各层面的诊改要形成联动机制，并与相关考核相结合，形成螺旋持续运行的动力。

三要正确理解螺旋，做到操作简便易行。"8"字形螺旋本身包含了事前、事中、事后三个阶段，强调事前设定目标标准是逻辑起点，事中进行监测预警和常态纠偏，事后开展诊断和改进。学校要结合工作实际，在螺旋的每一个环节标注工作要点，指导实践操作，在螺旋的运行中形成"人人重视质量、人人创造质量、人人享受质量"的氛围，实现质量的共创、共治、共享，不断优化治理体系，为实现治理能力现代化打下坚实的基础。

四要加强信息化建设，提升对螺旋运行的支撑水平。"8"字形螺旋如果缺乏源头、实时、多维度、全方位的大数据支撑，没有先进的网络信息技术环境，是很难达到预期效果的。学校是质量信息的生成源头，学校、专业、课程、教师、学生五个层面数据采集系统为构建国家和省级层面的质量监测平台提供了可靠基础。我国高职院校应在十年的状态数据采集平台建设的基础上，立足新工业时代的发展趋向，进一步确立智能化的建设目标，加大投入和推进力度，为"8"字形螺旋的运行提供强有力的信息化支撑，为国家和省级职业教育质量监测与考核打好基础。

第二章

高职院校内部质量保证体系建设现状

　　为全面了解省级层面推进高职院校诊改工作情况和全国高职院校开展诊改制度建设情况,查找和分析工作中存在的问题,给深入推进高职院校诊改制度建设提供意见和建议,2020年1月21日至2月16日,全国诊改专委会受教育部职业教育与成人教育司(简称"职成司")委托,面向省级诊改专委会和高职院校开展了职业院校教学工作诊改制度建设情况调查。

　　调查问卷紧扣诊改试点结束后,如何深入推进高职院校诊改制度建设这个主题设计。其中,省级诊改专委会问卷主要从省级诊改专委会建设、省级诊改培训开展、省域内高职院校诊改工作实施及省级教育行政部门推进院校诊改工作等方面,了解各省(自治区、直辖市)推进高职院校诊改制度建设情况;高职院校问卷主要从诊改工作启动、诊改制度建设、诊改工作实施、现代质量文化及信息化平台建设等方面,了解高职院校开展诊改制度建设情况。在本次问卷调查期间,32个省(自治区、直辖市)的省级诊改专委会和758所高职院校参与问卷调查,其中,公办院校有616所,民办院校有142所。

2.1 省级层面诊改推进情况

2.1.1 省级教育行政部门积极推进高职院校诊改工作

（一）建立省级诊改专委会和动态管理专家库

各省（自治区、直辖市）按照教育部有关职业院校诊改制度建设文件要求，明确了负责推进本省（自治区、直辖市）高职院校诊改工作的管理部门，把诊改工作纳入省级教育行政部门工作计划，建立了高职院校省级诊改专委会和动态管理专家库，其中，山西、福建、湖北、广东、广西、西藏、甘肃、新疆8个省（自治区、直辖市）的高职院校诊改专委会合并设立，其余省（自治区、直辖市）的高职院校省级诊改专委会分开设立。各省（自治区、直辖市）指定了省级诊改专委会负责人和秘书长，建立了省级诊改专委会工作机制。

（二）制定推进高职院校诊改工作激励措施

调查显示，27个省（自治区、直辖市）制定了有效推进高职院校诊改工作的激励措施，将诊改作为创新行动计划、高水平学校等省级以上项目遴选参考，与院校内部激励机制协同配合。26个省（自治区、直辖市）开展了高职院校诊改试点，其中，9个省（自治区、直辖市）遴选两批试点院校，17个省（自治区、直辖市）遴选一批试点院校。各省（自治区、直辖市）非高职诊改试点院校也积极启动诊改工作，编制并上报学校诊改运行实施方案。

（三）组织开展高职院校诊改复核工作

诊改复核是检验职业院校是否建立诊改常态化运行机制和自主保证人才培养质量的有效手段。截至问卷调研时，初步统计有9个省（自治区、直辖市）开展了高职院校诊改复核工作：试点省陕西的32所高职院校完成了一轮省级复核，占全省高职院校的84.2%；非试点省（自治区、直辖市）江西、四川、广西、天津、河北、湖北、湖南、云南开展了诊改复核，其中，广西有25所高职院校接受了省级复核，占自治区高职院校的69.44%。超过20所高职院校接受省级复核的省（自治区、直辖市）还有湖北（23所）、湖南（20所）、云南（23所）。

2.1.2 两级诊改专委会有效指导高职院校诊改工作

（一）全国诊改专委会有效指导高职院校诊改工作

全国诊改专委会积极发挥专家组织作用，有效指导高职院校诊改工作：一是提供政策咨询，参与教育部有关诊改工作文件起草，研制了《高等职业院校内部质量保证体系诊断与改进复核工作指引（试行）》等文件；二是开展研究引领，凝练出教育质量八大核心理念，设计了符合"零缺陷"思维的"55821"内部质量保证体系基本构架；三是提供理论指导，宣讲诊改理念，指导高职院校编制诊改运行实施方案；四是实践纠偏，先后赴9所高职院校现场调研，针对高职院校遇到的难点、堵点、痛点问题，发表了12篇系列论文答疑解惑，纠正偏差；五是开展诊改复核，完成了24所试点院校的诊改复核工作，并及时公布结论。

（二）省级诊改专委会积极开展高职院校诊改培训

各省级诊改专委会在省级教育行政部门领导下，积极协助推进高职院校诊改工作，指导院校实践。面向专业负责人、二级院系领导、职能部门负责人、校级领导等人员开展系统性、针对性培训，确保诊改理念在各地、各校落地开花。其中，开展职能部门负责人和校级领导培训的省（自治区、直辖市）最多，达到30个；有25个省（自治区、直辖市）开展了二级院系领导培训，如表2-1所示。

表2-1 面向各类人员开展培训的省（自治区、直辖市）数量

覆盖人员类别	普通教师	专业负责人	二级院系领导	职能部门负责人	校级领导	其他人员
覆盖省（自治区、直辖市）数量	15个	23个	25个	30个	30个	7个

诚然，各省（自治区、直辖市）教育行政主管部门和两级诊改专委会分层次组织诊改理念和实务培训，进校开展诊改工作调研，并把诊改工作纳入行政部门年度工作计划等，采取多种方式有效推进高职院校诊改工作。在26个开展高职诊改试点的省（自治区、直辖市）中，17个省（自治区、直辖市）有超过一半的高职诊改试点院校的诊改工作开展得较好，全国试点省陕西、河南和非试点省（自治区）安徽、湖南、广西高职诊改试点院

校的诊改工作开展得较好。但各省（自治区、直辖市）推进诊改工作力度有差异，有些省（自治区、直辖市）虽遴选了两批试点院校，但试点院校诊改工作效果一般，如江西，试点院校诊改工作开展得较好的仅有25.00%。从总体上看，试点省（自治区、直辖市）山西、贵州、重庆和非试点省（自治区、直辖市）福建、青海、西藏、辽宁试点院校诊改工作开展得一般（仅根据提交的有关数据分析，可能有数据出入）。32个省（自治区、直辖市）中，超过70%的省（自治区、直辖市）未开展复核工作。9个全国高职诊改试点省（自治区、直辖市）中，仅陕西对本省高职院校开展了诊改复核工作。可见，一些省（自治区、直辖市）的诊改工作推进力度不够。

2.1.3 省级层面推进问题与建议

调查问卷设置了两道主观题，收集了各省（自治区、直辖市）在推进诊改工作中存在的最大问题及对教育部全面推进教学工作诊改制度建设的建议。

（一）推进诊改工作中存在的主要问题

推进诊改工作中存在的主要问题有以下几个：

第一，重视程度问题。3个省（自治区、直辖市）反映教育主管部门重视程度不够，如上海市反映教育行政部门没有下发专门文件，部分院校处于观望应对状态，推进诊改工作不是一把手负责；四川省反映教育行政部门激励政策不强。5个省（自治区、直辖市）反映院校重视程度不够，如：重庆市反映部分学校主要领导认识不到位，统筹力度不够；内蒙古反映院校开展工作的积极性不足；广东省反映高职院校的基础不一，重视程度还有待提高。

第二，理念认识问题。9个省（自治区、直辖市）反映院校对诊改认识不足，如：河北省反映部分院校对诊改工作重要性认识不足；河南省反映个别院校对教学诊改认识不到位，工作不够积极主动；辽宁省反映各级缺乏对教学诊改工作的共识；山东省反映部分院校存在认识问题；陕西省反映个别民办院校重视程度不够，对诊改理念认识不到位，个别院校基层单位对诊改理念的理解和实施不均衡；四川省反映学校自主诊改意识较弱。

第三，推进实施问题。6个省（自治区、直辖市）反映方法和机制存在问题，如：湖北省反映诊改方法与手段同质化严重；陕西省反映个别院校尚未形成明显的一校一策诊改机制；广东省反映诊改内生动力不足，诊改机制欠缺；江苏省反映诊改平台不能支撑理念中精细化的学校治理效能，脉冲式响应导致常态化管理难实现。2个省（自治区、直辖市）反映诊改工作融入日常不够，如重庆市反映个别院校的诊改融入其他工作的程度不够，学校把诊改当成专项工作；山东省反映个别院校的诊改与中心、重点工作对接不紧密。另外，上海市反映人员配置不足，诊改推进力度不够，缺乏专职工作人员，在较大程度上影响整体工作的实施进程。

第四，平台建设问题。9个省（自治区、直辖市）认为平台建设滞后，是推进诊改的瓶颈，如：湖北省反映数据平台建设严重滞后；广西反映服务于诊改的信息化平台建设滞后，各职业院校基本上都认识到了信息化的重要性，基本上都有信息化建设规划，也加快了建设步伐，但建设速度跟不上实际需要，"信息孤岛"问题仍普遍存在，对诊改的支撑力度弱；天津市反映诊改工作受智慧校园建设制约；吉林省反映大部分院校信息化建设不够，不足以支撑诊改实施。2个省（自治区、直辖市）反映平台建设经费问题，如：河南省反映一些学校经费紧张，在信息化建设方面投入不够，导致数据采集不能很好地支撑及时纠偏和问题分析，影响诊改效果；黑龙江省反映平台费用高。

第五，其他问题。新疆反映仍需要加大培训、调研指导的力度，诊改工作缺乏系统的指导，推进的速度较慢；吉林省反映，由于地方环境关系，再加上职业教育"双高"建设、"1+X"试点申报、职业培训等项目多，很多学校在实施诊改时，很难与绩效考核完全结合，往往顾此失彼；西藏反映职业教育基础薄弱，问题较多，诊改工作推进困难。

（二）对教育行政部门全面推进教学工作诊改制度建设的建议

一是重视程度方面。6个省（自治区、直辖市）建议教育行政部门更加重视，如：甘肃省建议教育行政部门的推进力度进一步加大；山东省建议进一步加强部省联动；浙江省建议教育部职成司要有明确态度和一抓到底的勇气；重庆市建议对院校主要领导提要求；上海市建议下发专门文件，明确对全面推进教学诊改工作的总体设计，明确具体内容，对每个省（自治区、直辖市）的推进工作有要求、有检查。

二是培训指导方面。8个省（自治区、直辖市）建议加强培训指导，如：吉林省建议全国诊改专委会进行专家分组并到各省指导工作；广西建议继续对全员加强理念方面的分层培训，对职能部门、专业负责人、骨干教师等加强诊改实操方面的分类培训；广东省建议加大诊改工作培训力度；新疆建议加强培训，选派专家对试点院校进行调研指导，以点带面提高诊改质量。4个省（自治区、直辖市）建议发挥试点院校示范作用，如：广西建议加强示范引领，推荐一些信息化建设样板院校案例供学习交流；青海省建议加大试点院校的试点成果总结，注重分类指导，更加务实、有效地推进工作；陕西省建议总结全国诊改试点经验，为推进诊改工作全覆盖形成可借鉴、可推广的范式或案例；海南省建议加大对非试点省相关院校的培训与指导，并给予这些院校更多的机会去复核现场学习。

三是常态化机制方面。7个省（自治区、直辖市）建议推进诊改工作，建立长效机制，如：湖北省建议建立诊改工作动态报告制度，定期发布诊改工作进展报告；吉林省建议制定全国职业院校，特别是高职院校复核时间表，将诊改工作与职业教育"双高"建设等重大项目结合，最好有一票否决权；江苏省建议按照文件制定的时间表，逐一调研学校、查诊问题，并将这些结论用于结果评价，认为该方法有利于促进院校重视教学诊改，提升质量建设水平；陕西省建议构建诊改长效机制的制度和推进措施；上海市建议建立推进专门工作的运行及保障机制，做到上有要求、下有落实。

四是信息化建设方面。6个省（自治区、直辖市）建议加强信息化建设指导，如：青海省建议对信息化平台建设继续加大理性引导；安徽省建议加强对院校信息化平台建设的指导；重庆市建议以帮扶为主，激励为辅，帮助院校突破信息化瓶颈；海南省建议上级主管部门在智能校园建设方面尽快出台标准，并给予政策支持；河南省建议尽快出台元数据标准，指导各学校建设信息化平台，避免出现各学校信息化建设标准不统一，各自形成"信息孤岛"。

五是其他建议。西藏建议加大对民族地区职业教育的支持；天津市建议诊改工作与智慧校园建设并行推进；云南省建议进一步加强指导，不要"一刀切"，允许学校结合自身特点开展工作；河南省认为各学校的具体情况差别比较大，故诊改工作不宜过于具体、过细，应适当降低要求，只要思路和方法基本正确，在"55821"的基本框架下，主管部门应允许各校有具体的差异。

2.2 高职院校诊改制度建设情况

2015年以来，教育部相继出台了一系列有关职业院校诊改制度建设文件，从诊改试点到全面推进，再到深入推进，要求职业院校完善以章程为核心的制度体系，健全院校内部治理结构，深入推进教学工作诊改制度建设，切实发挥学校质量保证的主体作用。

广大高职院校充分认识到推进诊改制度建设是一项职业院校建立常态化人才培养质量自主保证机制的创新性工作，并积极探索实践，形成了一批优秀成果和典型案例。这对深化新时代教育评价改革具有重要且深远的意义。比如：2018年，常州工程职业技术学院"高职院校内部质量保证体系的研究与实践"项目荣获职业教育国家级教学成果奖一等奖；2022年，齐鲁师范学院"标准先行、重心下沉、末梢激活：职业院校教学质量保证体系建设的山东实践"，陕西工业职业技术学院"试点引领　分类实施　高职教学工作诊断与改进制度建设的'陕西方案'"，扬州工业职业技术学院"教学诊改理念下高职有效课堂建设的探索与实践"等有关诊改主题教学成果获得全国职业教育国家级教学成果奖。此外，2020年83个高职院校案例入选全国职业院校诊改优秀案例，2022年45个高职院校案例入选全国职业院校教学工作诊改典型案例。

2.2.1 高职院校诊改制度建设总体情况

从全国层面看，职业院校诊改制度建设启动后，教育部在9个省（自治区、直辖市）遴选了27所高职院校作为全国高职诊改试点院校。各试点院校按照试点要求，全面启动试点工作，并于2017年上报诊改运行实施方案，探索推进诊改工作，在院校治理和人才培养方面取得了显著成效。截至2020年年底，有24所试点院校接受了诊改复核，且结论为"有效"。

2020年年初，全国诊改专委会面向省级诊改专委会和高职院校开展了职业院校诊改制度建设问卷调查,有 758 所参与了调查。截至 2020 年 2 月,758 所高职院校中,616 所把诊改工作纳入学校事业发展规划并已经启动诊改工作,占比达 81.27%。各省(自治区、直辖市)参与调查院校中,已启动诊改工作的院校比例如图 2-1 所示。

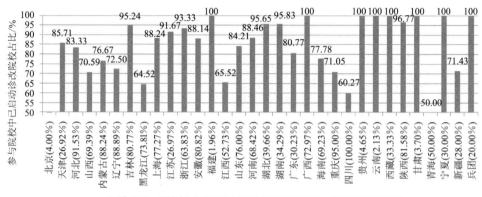

图 2-1　各省(自治区、直辖市)参与调查院校中已启动诊改工作的院校比例

从省级层面看,32 个省(自治区、直辖市)中,26 个省(自治区、直辖市)开展了省级高职诊改试点院校遴选,其中,陕西、广东、江苏、江西、湖北、浙江、河南、天津及云南 9 个省(自治区、直辖市)(占比达 28.13%)遴选了两批试点院校,山东、安徽、上海等 17 个省(自治区、直辖市)(占比达 53.13%)遴选了一批试点院校。详细情况统计如图 2-2 所示。广西虽未开展试点,但在全自治区 36 所高职院校全面启动诊改工作,并把省级诊改专委会成员分成五个片区组,实行分组指导和定期督导。

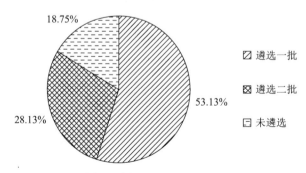

图 2-2　开展试点院校遴选省(自治区、直辖市)数量占比

各省（自治区、直辖市）高职诊改试点院校诊改工作开展效果不一：所有试点院校诊改工作均开展得比较好的省（自治区、直辖市）有5个，占比为15.63%；一半试点院校诊改工作开展得比较好的省（自治区、直辖市）有12个，占比为37.50%；1/3试点院校诊改工作开展得比较好的省（自治区、直辖市）有5个，占比为15.63%；1/4试点院校诊改工作开展得比较好的省（自治区、直辖市）有10个，占比为31.25%。统计如图2-3所示。非试点的广西超过50%的高职院校诊改工作开展得较好。

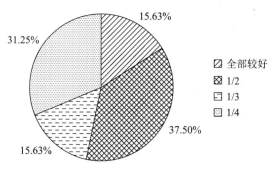

图2-3　试点院校诊改工作效果省（自治区、直辖市）占比

各省（自治区、直辖市）非高职诊改试点院校多数能重视教学工作诊改制度建设，积极启动诊改工作，编制并上报学校诊改运行实施方案。各省（自治区、直辖市）非高职诊改试点院校上报诊改运行实施方案情况不一：所有院校均上报的有13个省（自治区、直辖市），占比为40.63%；一半以上院校上报的有11个省（自治区、直辖市），占比为34.38%；少数院校上报的有8个省（自治区、直辖市），占比为25.00%。

截至2021年6月，据不完全统计，有18个省（自治区、直辖市）开展了高职诊改复核工作。其中，试点省（自治区、直辖市）有山东、江苏、陕西、重庆、内蒙古、黑龙江、河南及贵州8个，陕西32所公办高职院校均接受了省级复核。非试点省（自治区、直辖市）有江西、四川、广西、天津、河北、湖北、湖南、云南、上海及安徽10个。安徽、广西于2020年年底完成了一轮诊改复核工作。

从院校层面看，参与调查的758所院校中，715所明确了诊改工作牵头部门，其中，361所（占比47.63%）由质量处（质管办、诊改办）负责，225所（占比29.68%）由教务处负责，129所（占比17.02%）由其他部门负责，尚有43所（占比5.67%）没有成立或明确诊改工作负责部门，如图2-4所示。

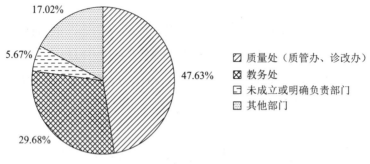

图2-4 参与调查院校诊改工作负责部门情况

调查显示，多数高职院校诊改工作得到了学校"第一把手"重视，694所院校诊改工作由"第一把手"亲自担任总负责人，在758所院校中占91.56%。650所院校（占比85.75%）制定了学校内部质量保证体系建设与运行实施方案，92所院校（占比12.14%）正在制订方案，有16所（占比2.11%）未制订方案。

值得欣喜的是，常州纺织服装职业技术学院、无锡商业职业技术学院、山东劳动职业技术学院等一批非诊改试点院校积极实践并扎实开展诊改工作，主动申请省级诊改复核，诊改工作受到专家组好评。大众日报以"扎实推进诊改工作　破解提质增效困局　非试点院校探索出有效路径"为题，报道了山东劳动职业技术学院的诊改工作。

2.2.2 高职院校诊改工作存在共性问题

从问卷调查反馈和诊改专委会工作调研信息看，高职院校诊改制度建设取得了显著成效：一是履行了人才培养工作质量保证主体的责任，二是建立了诊改促进治理水平提升的机制，三是完善了校本特色的目标与标准体系，四是强化了信息化平台支撑诊改运行的意识。然而，高职院校诊改工作也存在一些影响常态化运行的共性问题和痛点，亟须解决。

（一）理念认识不到位，师生内生动力不足

诊改制度旨在树立全员质量主体意识，落实"三全"育人，形成"上下同欲者胜，同舟共济者赢"的氛围。但现状与此还存有差距：一是理念传导不够充分。9个省（自治区、直辖市）和85所院校反映对诊改理念认识不足，全员质量文化建设乏力，质量自主保证意识不强。二是领导重视程度还不够。63所院校诊改工作未作为"第一把手"工程，或存在"第一把手""只挂帅不出征"的现象，工作浮于表面，推进不实。43所院校未明确诊改工作负责部门，工作的组织体系尚未健全，工作推进缓慢。三是师生内生动力不足。42所院校反映师生参与和配合的积极性不高，存在层层衰减现象和畏难情绪，观望、等待的心态比较严重。

问题成因主要有三点：

一是校内全员诊改理念培训深度、广度不够，全员质量价值认同感还尚未形成，"人人重视、人人创造、人人享受"的质量主体意识不强。

二是学校主要领导对诊改工作重要性认识不够，没有形成主要领导亲自抓、分管领导具体抓、牵头部门统筹协调、师生员工全面参与的格局，诊改工作实施有局限性。

三是师生自我诊改意识薄弱，习惯于外部质量保障，依靠外部监管检查，内生动力有待激发。

（二）形似神不似，诊改运行有偏差

诊改工作要求"用自己的尺子衡量自己"。诊改复核基本原则以学校运行实施方案为依据，强调自设目标、自定标准、自我监测、持续改进，尊重校本特色。对已接受诊改复核的24所全国高职诊改试点院校的诊改运行实施方案和江苏省22所高职院校（20所省级诊改试点院校）的诊改运行实施方案进行分析和对比后发现，诊改工作存在着形似神不似现象，主要表现在以下几点：

一是实施方案"一校一策"特点不明显。24所全国高职诊改试点院校和江苏省22所高职院校的诊改运行实施方案存在相互借鉴或引用他人原图的情况。比较典型的有：14所全国高职诊改试点院校和8所江苏高职院校内部质量保证体系基本架构均采用"五纵五横矩形图"架构（图2-5）；18所全国高职诊改试点院校和17所江苏高职院校教师个人发展标准都采用了"助教、讲师、副教授、教授"专业技术岗位和"新教师、合格教师、优秀青年教师、骨干教师、专业带头人、首席教师"教师发展双线标准（图2-6）。

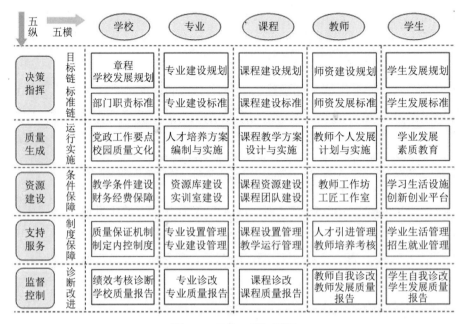

图 2-5　五纵五横矩形图

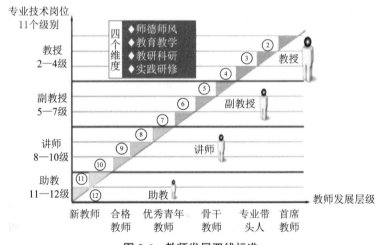

图 2-6　教师发展双线标准

需要强调的是,"五纵五横矩形图""教师发展双线标准"本身都存在一些不足,受到资源条件的制约,难以实施,比如:学生层面诊改主体是学生个人,生硬地在五横层面分出五纵,看似准确,然而实践表明,学生个人无法为自己建立"创新创业平台",无法实施"学业生活管理"等。同样在教师层面,"教师发展双线标准"忽视了职称比例和专业带头人名额限制的现实，若一位骨干把三年发展目标定位为专业带头人，最终情况可能是该教师具备带头人条件，但由于数量限制，没有专业带头人空缺岗位，因此该教师的目标没有达成。

二是对"8"字形螺旋内涵的认识不到位。22 所全国高职诊改试点院校"8"字形螺旋不准确，其中 18 所改变了螺旋结构，出现异化；16 所江苏高职院校"8"字形螺旋不准确，其中 13 所改变了螺旋结构，出现异化。从表面上看，各校结合自己的理解和实践，建立了各层面诊改运行螺旋，但从深层看，这反映了各校对"8"字形螺旋内涵认识不到位，未能把握其内在精髓，产生了异化，而这必将导致螺旋运行有偏差，影响诊改运行效果。标准的"8"字形螺旋如图 2-7 所示。典型的异化"8"字形螺旋如图 2-8 所示。

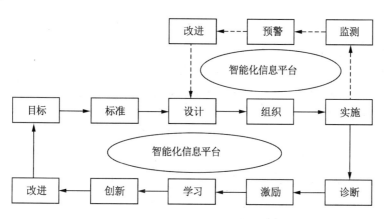

图 2-7 标准的"8"字形螺旋

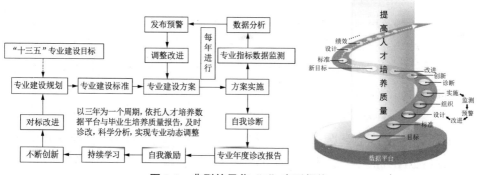

图 2-8 典型的异化"8"字形螺旋

三是数据支撑诊改运行不够。758 所参与调查院校中，虽有 456 所建有数据中心，但其中有 266 所院校数据质量不高、数据采集量不足，仅有 190 所院校实现数据共享、共用，多数学校不同程度存在信息孤岛。同时，有 22 所院校反映校内业务系统之间数据标准不统一，数据对接共享难；数据对诊改运行支撑不够，画像质量不高，存在预警缺失或人工预警现象，预警作用发挥不够。在试点院校复核时，专家组发现，有些学校监测预警和诊断改进数据仍是基于人工统计、静态采集，如表 2-2 所示，数据中心尚不能依托信息化系统实现数据源头采集、实时采集，数据分析应用深度不够。

表 2-2 某高职院校课程诊改人工统计表

质控点	测量数据内涵	目标值	标准值	实际值
学生学习平均及格率（60 分以上）	（及格人数/总人数）×100%	92%	90%	95%
学生学习平均优秀率（90 分以上）	（优秀人数/总人数）×100%	8%	10%	5%
学生平均满意度	（满意人数/总人数）×100%	94%	95%	85%
同行评价平均分	（总分/总人数）×100%	90%	90%	70%
督导评价平均分	（总分/总人数）×100%	88%	90%	70%
……	……	……	……	……

造成形似神不似问题的原因主要有以下三个方面：

一是部分院校直接引用了全国诊改试点院校早期诊改运行实施方案。这些院校的早期方案确实存在五纵五横扇形图、矩阵图，教师发展多数也是基于双线发展标准。2017 年，全国诊改专委会指导全国诊改试点院校进行理念纠偏，重新完善了运行实施方案，但各校没有学习并更新。

二是部分院校忽略了"8"字形螺旋的主体同一性，将其异化成衔接不同主体的管理流程，随意拼凑或改变螺旋形状，造成"8"字形螺旋实质内涵面目全非，螺旋运行流于形式。

三是部分院校在信息化建设上缺少顶层设计，存在误区，简单移植其他学校系统，没有把新系统与自身现有信息化系统有效融合，造成新旧业务系统数据标准不一，无法实现数据实时采集、源头采集、及时共享，难以支撑螺旋运行的有效性和学校决策的精准性。

（三）存在评估思维，常态化运行机制未形成

诊改制度建设的初衷是院校履行质量保证主体责任，建立常态化周期性运行机制。问卷反馈，部分院校过多关注诊改复核，自主诊改意识较弱，存在评估思维，把诊改复核当成评估验收。从专业课程诊改覆盖面看，758所院校中，有477所院校（占比62.93%）实现专业层面诊改全覆盖，269所院校（占比35.49%）实现课程诊改全覆盖。从接受过复核的院校动态看，诊改牵头部门网站鲜有内部质量保证体系建设或诊改工作融入学校治理的相关报道。这表明诊改工作与日常工作融入度不够，学校重复核而轻建设，未建立常态化运行机制。

问题的根源在于以下两点：

一是部分院校对诊改缺少深入研究，忽视了内部质量保证体系全员、全过程、全方位基本要求，专业、课程、教师及学生层面诊改工作覆盖面和深度不够，师生层面诊改工作对目标与标准体系关注评价偏多，对个人发展的促进少。

二是部分院校运用评估思维开展诊改工作，把诊改工作视为短期活动，重结果而轻过程，认为复核通过之日便是工作完成之时，尚未建立诊改常态化周期性运行机制，内部质量保证体系不健全。

2.2.3 试点院校诊改工作实践经验

扬州工业职业技术学院（简称"扬州工职院"）诊改工作入选全国职业院校教学工作诊断与改进制度建设优秀案例，"高职院校内部质量保证体系建设实践"获江苏省2022年度高等教育科学研究优秀成果奖。该校多次在江苏省高职院校诊改复核工作会和全国高职诊改相关培训会上做经验介绍。因此本书以该校为例，结合学校实践，针对高职院校诊改工作推进过程中存在的共性问题，从方案设计、诊改运行及平台建设三个方面介绍其经验。

（一）方案设计

有好的顶层设计等于成功了一半，诊改工作也不例外。诊改运行实施方案就是顶层设计，具有方向引领、方法指导和全局统筹等作用。扬州工职院紧扣诊改制度建设有关文件和全国诊改专委会编制的诊改复核工作指引要求，设计学校诊改运行实施方案，明确五个层面诊改主体、诊改周期

及支撑平台。学校诊改运行实施方案体现了三个特点：

1. 顶层设计契合校情

扬州工职院启动诊改工作时恰逢学校第三次党代会召开。该校结合学校实际，把学校第三次党代会确定的未来五年的奋斗目标和"七大行动计划"作为诊改工作的逻辑起点，把内涵建设、人才培养及师资队伍建设目标贯穿到专业、课程、教师及学生层面目标中，编制专项规划，完善制度体系，凸显校本特色，实现诊改工作与学校第三次党代会目标任务紧密结合。

2. "两链"打造服务发展

扬州工职院将学校第三次党代会明确的20项核心指标和"十三五"规划40项一级指标，通过层层分解和压力传导，传递到专业、课程、教师及学生层面，使得目标上下衔接，从而形成学校发展的目标与标准体系（图2-9）。将年度目标任务分解、细化、落实，并与绩效考核结合，保证学校发展目标达成。

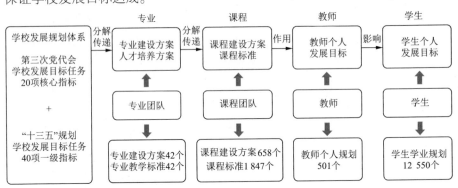

图 2-9　学校发展目标与标准体系

3. 诊改螺旋简便易行

扬州工职院在学校、专业、课程、教师、学生五个层面建立"8"字形螺旋，明确诊改主体、监测预警和诊断改进周期，列出"8"字形螺旋每一个步骤要点，依托智能化信息平台开展监测预警和诊断改进。强调主体同一和激励、联动机制，力求螺旋简便易行。诊改螺旋运行图如图2-10所示。

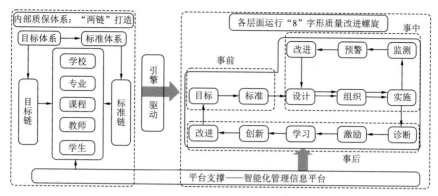

图 2-10 诊改螺旋运行图

（二）诊改运行

扬州工职院按照事前设定目标标准、事中进行监测预警、事后开展诊断改进运行流程，以"8"字形螺旋为基本单元，以智能化信息平台为支撑，实施学校、专业、课程、教师、学生横向五个层面对标找差、自我诊断、持续改进，促进人才培养质量和治理水平提升。下面以其 2020 年学校层面诊改为例。

1. 事前设定目标标准

扬州工职院根据学校"十三五"规划十项主要任务和第三次党代会提出的七大行动计划，结合当年学校工作任务，制定年度党政工作要点，形成职能部门年度目标任务，再分解形成二级院部目标任务和考核标准，如图 2-11 所示。

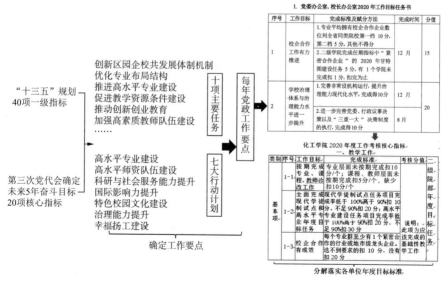

图 2-11 学校 2020 年目标任务分解

通过目标任务管理系统，该校建立各单位目标任务，明确各项任务要求，保证学校发展目标的达成。2020 年，该校有 9 个方面、24 项工作要点、112 项具体工作，分解后形成各部门 288 项考核核心指标，全部录入目标任务管理系统。

2. 事中进行监测预警

扬州工职院以月度为监测预警周期。每月末，校办公室负责组织各单位依托"一页纸"项目管理表进行自我监测，准确反映目标任务进展状态，对未按进度及质量要求完成的工作做出预警。如图 2-12 所示，用不同颜色标记任务完成情况，正常开展的用绿色，进度偏慢的用黄色（简要说明原因），已完成的用黑色。组织部负责跟踪各单位目标任务完成率和完成进度。纪委办公室负责督查各单位目标任务完成效果，每月随机抽查部分单位，了解其是否按要求及时、如实反馈工作进度与完成质量。

项目名称	部门	负责人
2020 年度马克思主义学院一页纸报表	马克思主义学院	武×
2020 年度审计处一页纸报表	审计处	赵××
2020 年度国际处/海外教育学院一页纸报表	国际处/海外教育学院	杨×
2021 年度党办院办一页纸报表	党办院办	刘×
2021 年度质管办一页纸报表	质管办	贾××
2021 年度工会一页纸报表	工会	刘××
2021 年度国资处/采管办一页纸报表	国资处/采管办	董××
2021 年度图书馆一页纸报表	图书馆	刘××
2021 年度党委教师工作部/人事处一页纸报表	教师工作部/人事处	李××

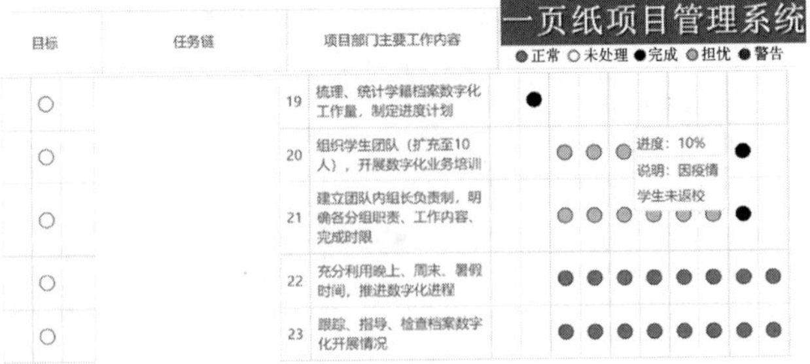

图 2-12　月度监测预警图

3. 事后开展诊断改进

扬州工职院以年度为诊改周期。每年年底，各单位在目标任务管理系统中，对照年度目标任务，对每项任务完成情况进行自我诊断，反馈任务完成结果及质量，并分析问题存在的原因，制定改进措施，如图2-13所示。

图2-13　年度诊改情况

在校内各单位诊改的基础上，学校对年度党政工作要点完成情况进行总结分析，形成诊改报告。2020年，学校112项重点工作共完成104项，完成率达92.86%。

（三）平台建设

诊改强调的是数据系统支撑。学校必须依据数据和事实开展监测预警和诊断改进。可见平台支撑对诊改运行举足轻重。从信息化建设实践看，扬州工职院解决了建什么、怎么建、建成什么样这三大问题。

第一，建什么，即明确信息化建设具体项目。该校以支撑诊改运行为目标，结合学校信息化基础和诊改运行实施方案，在统一门户、统一身份认证、统一数据标准的基础上，建设校本数据中心、网上服务大厅、智能云课堂、教师发展服务平台、学生成长服务平台几个业务系统（简称"一中心四平台"），为诊改提供事实和数据支撑，实现了数据标准唯一、源头采集、全量采集、实时共享。利用校本数据中心多维度、多层次的校情综合分析展示功能为学校科学决策提供支持。

第二，怎么建，即明确信息化推进方式。首先，该校做好顶层设计，突出"以用户为核心"理念，将诊改工作与日常工作相融合，实施了"校园一张网、数据一个库、信息一门户、登录一账号、办事一张表、校内一朵云"的"六个一"工程，采取统一设计、分步实施的方式，推进"智能化校园"建设，为学校事业发展提供了坚强有力的信息化支撑。其次，该校选择建设模式，全面梳理学校现有业务系统，综合研判各业务系统支撑能力和数据量，最终采取"建新变旧"的方式与企业联合开发新系统，按统一规范的标准和技术架构建设，逐步升级或变革旧系统架构，实现了新旧融合。

第三，建成什么样，即明确信息化建设效果。该校以增强用户获得感为宗旨，达到了信息化项目建设预期效果：一是满足学校日常管理、诊改运行及高质量发展三个层次需要。二是满足管理者、教师、学生三类人群工作和学习应用需要。三是达到"5A"（Anyone, Anytime, Anywhere, Anyway, Anything）应用标准。

2.3 高职院校诊改常态化运行思考

诊改制度建设是新时代职业教育评价改革的重要内容，对职业教育提质培优具有重要的促进作用，是一项基础性、全局性、前瞻性和创新性工作。在全国诊改试点和省级诊改试点即将结束之际，提质培优行动计划提出深入推进教学工作诊改制度建设。这是完善质量监管评价机制的需要。深入推进教学工作诊改制度建设的首要任务是建立常态化诊改运行机制，不断完善内部质量保证体系。结合工作实践，笔者建议高职院校采取"系统化设计、项目化推进、一体化实施"的方式，协同推进诊改工作。

（一）系统化设计

职业教育高质量发展工作在软件建设方面要深入推进教学诊改，推动职业院校全面建立质量保证体系。在后试点时期，高质量发展已经成为职业教育主旋律。高职院校必须运用系统化思维，强化诊改工作的顶层设计，构建顶天立地的格局。在宏观上，从提升学校治理水平的角度，落实党的十九届四中全会精神，答好职业教育服务国家治理体系和治理能力现代化时代答卷。在中观上，高职院校要将诊改工作与学校的"双高"建设任务和"高水平学校"建设任务对接，在"双高"建设任务中，通过内部质量保证体系，实现学校治理水平和信息化水平提升。在微观上，高职院校要在学校、专业、课程、教师、学生横向五个层面制定目标与标准体系，建立并运行"8"字形螺旋、自我诊断、持续改进，不断提升人才培养质量，促进人才的全面发展。

（二）项目化推进

诊改制度建设作为"双高"建设计划遴选条件之一，其重要性不言而喻。将诊改工作放到国家级、省级项目中，统筹谋划、协调推进，有利于发挥好项目平台的载体作用、推动作用。高职院校应为学校、专业、课程、教师、学生每个层面确定一个或多个项目，用项目推进诊改，比如，在学校层面利用"双高""高水平学校"建设项目推进诊改，在专业层面通过高水平专业群建设计划和产教融合实训基地等项目推进诊改，在课程层面通过国家级或省级在线开放课程建设、课程思政示范课建设等项目推进诊改，在教师层面通过国家级、省级人才项目推进诊改，在学生层面结合校级以上荣誉表彰、"三支一扶"等项目推进诊改。项目化建设符合职业教育的习惯和特点。利用项目推进工作有助于取得较好的成效。

（三）一体化实施

如果说系统化设计解决了思路和目标问题，项目化推进解决了载体和平台问题，下一步就是具体组织实施了。这就需要扎实有效推进工作的方法和举措。基于工作实践思考，高职院校应一体化推进诊改工作：第一，建立专门考核机制。在学校年度考核中，针对诊改设立专门的考核项目，列入考核基本项，作为二级单位必须完成的项目。第二，设立专项研究课题。在校级教育教学改革课题中，增加诊改方面的专项研究课题指南，鼓励教师开展相关课题研究。第三，开辟校内期刊专栏。在学校期刊中，开辟诊改专栏，为教师发表诊改有关论文提供平台。第四，设置诊改专场教研活动。在教育教学改革论坛中，设置专业诊改、课程诊改专场活动，提高教师开展诊改工作的水平，促进教师业务水平的提升。

在学校治理方面，许多职业院校都建立了教学工作诊改制度。当前，职业教育正处于大有作为的时期。诊改制度能否深入有效推进，反映了职业院校履职质量主体责任情况，关系到职业教育能否高质量发展。实践证明，领导重视是前提，全员参与是核心，全过程覆盖是关键，全方位联动是保证，持续深入开展是根本。特别是通过复核的职业院校，需要进一步完善诊改运行实施方案，打造 2.0 版内部质量保证体系；进一步深化教育教学评价制度改革，加强评价的客观性和公正性；进一步推进智能化校园建设，为学校实现治理体系与治理能力现代化奠定坚实基础。

第三章

高职院校内部质量保证体系建设实践

扬州工职院自 2018 年 6 月入选江苏省高等职业院校内部质量保证体系诊改第二批试点院校后,按照国家和江苏省有关职业院校内部质量保证体系建设文件要求,积极探索实践,扎实开展工作,率先通过江苏省教育厅诊改复核,形成了富有自身特色的先进经验和典型做法。学校将诊改作为高水平学校建设保障措施写入高水平学校建设方案。本章以扬州工职院为例,介绍该校在内部质量保证体系建设方面的实践成果与经验。

3.1 学校诊改运行实施方案

扬州工职院入选诊改试点院校后，制定了诊改试点运行实施方案《扬州工业职业技术学院内部质量保证体系建设与运行实施方案》（1.0版），指导学校诊改试点工作实施。诊改试点结束后，学校按照诊改常态化运行和简便易行要求，对诊改运行实施方案进行了修订，形成了常态化运行实施方案《扬州工业职业技术学院内部质量保证体系建设与运行实施方案（修订）》（2.0版）。

3.1.1 诊改试点运行实施方案

扬州工业职业技术学院内部质量保证体系建设与运行实施方案

为适应经济社会发展和人的全面发展需求，持续提高人才培养质量，根据《教育部办公厅关于建立职业院校教学工作诊断与改进制度的通知》（教职成厅〔2015〕2号）、《关于印发〈高等职业院校内部质量保证体系诊断与改进指导方案（试行）〉启动相关工作的通知》（教职成司函〔2015〕168号）和《省教育厅关于印发〈江苏省高等职业院校内部质量保证体系诊断与改进工作方案〉的通知》（苏教高〔2016〕9号），结合学校实际，制定本实施方案。

一、指导思想

深入贯彻落实习近平总书记重要讲话和全国教育大会精神，以提高利益相关方对人才培养工作的满意度为目标，按照"需求导向、自我保证、多元诊断、重在改进"的工作方针，完善质量目标、标准和制度，加快学校内部质量保证体系建设，形成自我约束、自我发展的常态化诊断与改进机制，持续提升人才培养质量，助推学校办学水平和综合实力迈上新台阶。

二、基本原则

（一）服务学校发展

将诊改工作与落实第三次党代会目标任务和事业发展规划相结合，以年度目标任务分解细化并与绩效考核结合，保证学校发展目标达成。

（二）落实主体责任

质量保证体系纵向五个系统（决策指挥、质量生成、资源建设、支持服务、监督控制）和横向五个层面（学校、专业、课程、教师、学生）形成网络结构，按照阶段改进与常态纠偏相结合的"8"字形螺旋实现全覆盖，各主体落实责任、对标找差、自我诊断、持续改进。

（三）强化系统设计

依据学校总体规划和年度目标任务，按照SMART（准确、可测、可达、相关、时限）原则，设计、完善横向五个层面的目标链和标准链（简称"两链"），凸显校本特色。

（四）注重数据支撑

依据智能校园建设规划，加强顶层设计，建设校本数据中心和功能全面的网上业务系统，消除信息孤岛，实现数据源头即时采集，达到数据共享，为诊改提供数据支撑。

（五）保证常态运行

建立质量主体自我激励与绩效考核相结合的制度体系，营造现代质量文化，保证诊改工作运行常态化，实现内部治理现代化。

三、建设目标

借鉴知识管理理论和零缺陷思维，坚持"共创、共治、共享"理念，优化资源配置，打造具有校本特色的"两链"，建设智能化信息平台，搭建以"8"字形螺旋为核心的质保体系架构，依托"厚德强能、笃学创新"校训营造现代质量文化，建立常态化、可持续的自我诊改工作机制，形成目标清晰、标准完备、制度完善、执行有力的现代高等职业教育质量保证体系，持续提升学校管理水平及人才培养质量。

四、内部质量保证体系建设与运行

按照学校事业发展需要,依据"55821"基本架构(五纵、五横、"8"字形螺旋、双引擎、智能化信息平台),对照"两链",自主诊改、持续提升。

(一)"两链"打造与实施

1. 学校层面

在学校"十三五"事业发展规划的基础上,根据第三次党代会制定的未来五年目标,对学校发展目标进行SWOT分析(即内外部竞争态势分析),依据第三次党代会报告中提出的"七大行动计划"编制事业发展五年专项规划,形成学校发展目标体系。(图3-1)

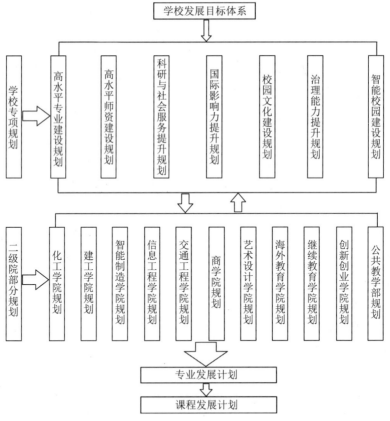

图3-1 学校发展目标体系图

将学校发展目标通过层层分解和压力传导的方式,传递到专业、课程及教师层面,使目标上下衔接。以总目标为依据,进行年度任务分解,细化学校层面相关标准,作为衡量目标达成度的标尺和底线。同时,科学设置和划分部门职责,制定部门岗位工作标准,修改完善工作流程,优化内部治理结构,形成风险防控机制。

2. 专业层面

根据各学院发展规划和专业建设标准,制订各专业建设计划,按照标杆、品牌、骨干及其他等层次,确立专业发展定位,制定具体、可测的专业建设目标,细化专业层面目标与标准,围绕专业建设目标及标准,编制专业人才培养方案,规范人才培养全过程。(图3-2)

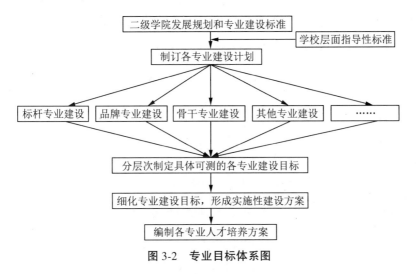

图3-2 专业目标体系图

3. 课程层面

依据课程在专业人才培养中的定位和学校课程建设标准制订各专业的课程建设计划,结合课程类别,明确建设目标,制定具体、可测的课程标准(含课程建设标准和课程教学标准,下同),形成课程层面目标与标准,教师据此编制课程授课计划。(图3-3)

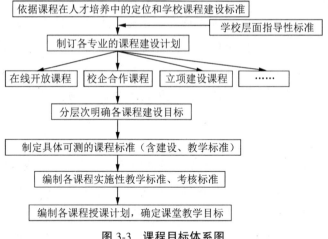

图 3-3　课程目标体系图

4. 教师层面

根据二级学院（部）分项规划、专业建设计划及课程建设计划等要求，制订教师个人发展规划，明确个体发展目标。结合职称晋升申报、岗位聘任、名师及优秀团队遴选，分级分类建立明确、具体、可测的教师发展标准，引导教师职业发展。（图 3-4）

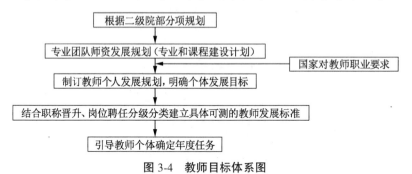

图 3-4　教师目标体系图

5. 学生层面

坚持"厚植文化底蕴、精湛一技之长"的育人理念，适应"扬工特质"人才培养相关要求及育人体系，依据学校育人发展规划及专业教学标准，建立学生个体发展指导制度，引导学生制订个人成长计划，明确发展目标和相应的标准。（图 3-5）

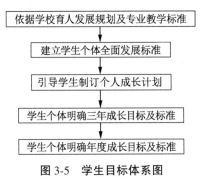

图 3-5 学生目标体系图

(二) 螺旋建立与运行

按照"事前设定目标标准、事中进行监测预警、事后开展诊断改进"的运行流程，以"8"字形螺旋为基本单元，以智能化信息平台为支撑，从横向五个层面对标找差，进行自我阶段诊改和常态纠偏，实现质量持续提升。

1. 学校层面

建立学校发展目标任务分解、实施、诊断、改进机制，将目标任务完成情况纳入部门年度考核和干部任期考核。以年度为周期，分解和下达各部门目标任务，借助网上服务大厅平台和目标任务管理系统（"一页纸"项目管理表，呈现项目任务、目标、时间、成本及负责人五个要素及相互关系和进展状态）工具，呈现目标任务实施情况并按月度监测预警。各部门坚持问题导向，运行"8"字形螺旋，自我诊断，持续改进。（图3-6）

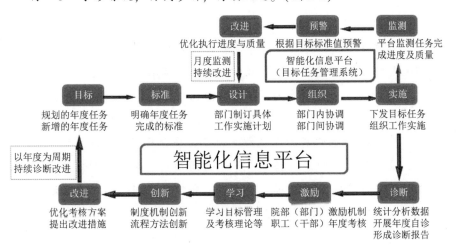

图 3-6 学校层面螺旋运行流程图

2. 专业层面

依据专业发展目标和定位，建立专业建设质量诊改运行制度。以三年为专业建设诊改周期，按学期监测预警，持续诊改。围绕专业建设目标和标准，通过市场调研、用人单位满意度调查、麦可思数据、智能云课堂平台，实时采集专业状态数据，运行"8"字形螺旋。使用专业建设管理系统、目标任务管理系统（"一页纸"项目管理表）等，检查目标达成度。各专业对照标准，进行自我诊改，持续修正，最终实现专业建设目标。（图3-7）

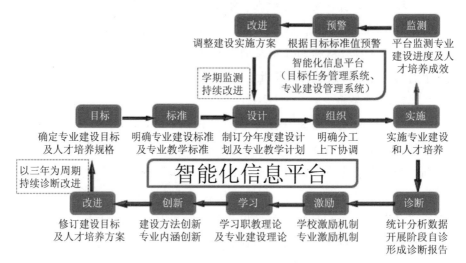

图 3-7　专业层面螺旋运行流程图

3. 课程层面

建立课程建设与课程教学质量诊改制度，实现专业人才培养目标。细化课程建设与课程教学的目标、标准。课程建设以课程立项建设周期为诊改周期，借助智能化信息平台和目标任务管理系统（"一页纸"项目管理表工具），按季度监测预警，持续改进。（图3-8）课程教学通过智能云课堂平台及课程诊改系统，实时采集教学实施状态数据，以学期为周期，按半月监测预警，对照课程标准诊断教学目标完成情况，分析存在问题，提出改进措施，保证实现课程建设和课程教学目标。（图3-9）

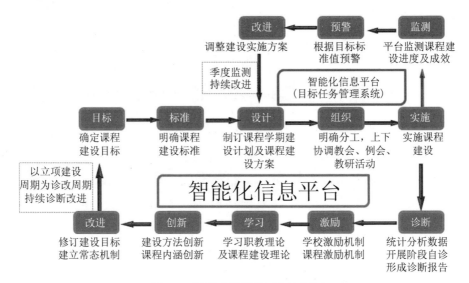

图 3-8　课程建设螺旋运行流程图

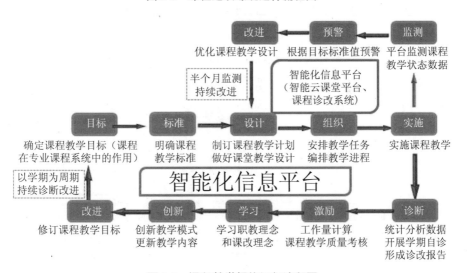

图 3-9　课程教学螺旋运行流程图

4. 教师层面

结合教师个人发展规划，建立教师个人发展自我诊改制度。以岗位聘期为周期，对照个人发展目标和标准，通过教师发展服务平台实时获取状态数据，按学期监测预警。教师自主诊改、持续提升，最终实现教师个人发展目标，并能支撑学校（学院）师资队伍建设目标达成。（图 3-10）

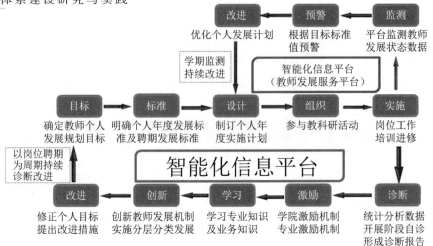

图 3-10 教师层面螺旋运行流程图

5. 学生层面

以促进学生可持续发展为目标,建立学生自我诊改制度。以学期为周期,指导学生结合个人成长目标和年度成长标准,通过学生成长服务平台实时获取状态数据,按月度监测预警。学生自主诊改、持续提升,最终实现个人发展目标。(图 3-11)

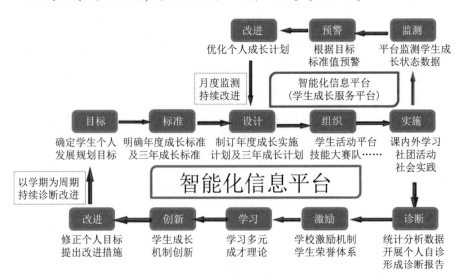

图 3-11 学生层面螺旋运行流程图

横向五个层面自觉承担质量保证主体责任,依据数据和事实,按照规定的诊改周期,对照标准,自我诊断,针对发现的问题提出有效改进措施，并形成诊改报告。

（三）引擎设计与驱动

不断健全学校自我约束、自我发展机制，营造现代质量文化，实现由外部监管为主向以自我诊改为主的转变，保证诊改工作常态化。

1. 建立常态自我诊改激励机制

建立党委领导、校长负责，质量保证委员会全面协调指挥，质量管理办公室负责质量保证体系设计与质量评价，各教学单位为质量生成核心，业务职能部门组织质量诊断改进的学校质量保证领导体系。

学校层面。建立与内部质量保证体系相适应的考核激励制度，将诊改工作与常规工作相结合、考核工作与自我诊改相结合，结合年度考核和内控制度建设，建立问责制度，不断健全学校自我约束、自我发展机制，促进学校治理水平和整体实力不断提升。

专业层面。建立专业设置动态调整机制和品牌、骨干专业建设遴选与管理办法，规范专业设置，分类指导促进专业建设。建立人才培养方案制定办法，规范人才培养方案制定，促进人才培养质量提升。

课程层面。建立课程设置与开发管理办法，结合课程支撑专业教学目标达成度，指导课程教学实施。制定课程教学质量评价办法和有效课堂建设方案，科学评价课程，打造金课、淘汰水课，全面提升课程教学质量。

教师层面。建立教师分类发展、评价机制，进一步修订完善教师素质能力提升等师资队伍建设与管理办法，制定实施精准化培训服务方案，引导教师在科研、教学等方面个性化、专业化发展，全面提升师资队伍水平。

学生层面。按照培养德智体美劳全面发展的社会主义建设者和接班人的总要求，赋予学生"扬州工"的鲜明特质，完善荣誉体系，引导学生自我激励、自我发展，提高个人综合素质。

2. 培育现代质量文化

现代质量文化是学校内部质保体系建设目标之一，也是师生员工自觉接受诊改理念、主动参与诊改的文化价值追求。通过质量知晓、质量认同及质量建构三个层次，采取培育精神文化、建设物质文化、强化制度文化、激活行为文化四个举措，建立持续深入、全面渗透的扬工特色现代质量文化，将质量内化为全体师生的价值观念和行为规范，形成"人人重视质量、人人创造质量、人人享受质量"的氛围。

五、平台建设与支撑

加强顶层设计，统筹规划智能化校园建设方案，建成校本数据中心、网上服务大厅、智能云课堂、教师发展服务平台、学生成长服务平台（简称"一中心四平台"），实现数据互通共享，为诊改提供平台支撑和数据支持。

（一）建设校本数据中心，实现校园数据互通共享

规范和统一教务管理系统、科研管理系统、人事管理系统、学工管理系统、质量管理系统及国资管理系统等现有业务系统数据字典，加快系统对接，消除信息孤岛，建设校本数据中心（图3-12），统一信息标准、统一身份认证、统一信息门户、统一读取和调用各业务系统数据，实现业务系统数据实时互通、共享，实现一站式访问，建成功能强大的智能化信息平台，满足个性化应用需求。

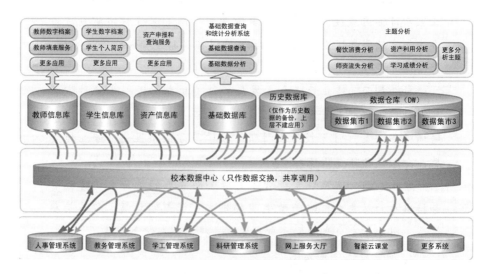

图 3-12　校本数据中心架构示意图

（二）建设"四个平台"，支撑五个层面监测预警和诊断工作

加快智能化校园建设，在现有业务系统和建成的校本数据中心基础上，建设网上服务大厅、智能云课堂平台、教师发展服务平台及学生成长服务平台四个平台，实时呈现横向五个层面状态数据，并对照目标、标准进行分析比较，发挥质量诊断预警作用。对关键性核心数据建立专门的质量分析、诊断及预警平台，及时调用各业务管理系统数据，通过画像工具直观分析比较，实时掌握人才培养工作状态，分析影响因素，为内部质量改进提供依据。

六、保障措施

（一）组织保障

学校党委、行政亲自抓诊改工作，成立诊改工作组（具体见学校有关文件），建立由分管校领导任组长，有关职能部门牵头，二级学院（部）承担的组织体系，统筹推进横向五个层面诊改工作。将诊改工作融入学校日常工作中，结合部门本职工作建立质量保证体系，依据部门职责进行任务分解，纳入部门年度目标考核和干部任期考核。

（二）制度保障

学校建立与内部质量保证体系相适应的考核激励制度，将诊改工作与常规工作、考核工作相结合，激励并实现自我诊改，不断健全学校自我约束、自我发展机制。

（三）经费保障

科学分析实现目标任务所需的资源条件，提供必要的人、财、物支持。在学校预算经费中，保证经费足额投入、合理使用，为目标任务完成提供保障。

3.1.2 诊改常态化运行实施方案

扬州工业职业技术学院内部质量保证体系建设与运行实施方案（修订）

为适应经济社会发展和人的全面发展需求，贯彻落实中共中央办公厅、国务院《关于推动现代职业教育高质量发展的意

见》(中办发〔2021〕43号)和《省委办公厅 省政府办公厅关于推动现代职业教育高质量发展实施意见的通知》(苏办发〔2022〕5号)等文件精神,深入推进学校内部质量保证体系诊断与改进制度建设,优化质量保证机制,完善学校治理体系,结合学校发展实际制定本实施方案。

一、指导思想

根据《教育部办公厅关于建立职业院校教学工作诊断与改进制度的通知》(教职成厅〔2015〕2号)和《省教育厅关于印发〈江苏省高等职业院校内部质量保证体系诊断与改进工作方案〉的通知》(苏教高〔2016〕9号)要求,按照"需求导向、自我保证、多元诊断、重在改进"的工作方针,以完善具有校本特色的人才培养目标、标准和制度体系,健全相对独立的质量自我保证机制,不断提高利益相关方对人才培养工作满意度为目标,加快学校内部质量保证体系建设,形成自我约束、自我发展的常态化诊改机制,持续提升人才培养质量,促进学校高水平建设和高质量发展。

二、基本原则

(一)服务学校发展

将诊改工作与学校事业发展规划和阶段性重点工作相结合,按年度分解目标任务,并与各单位年度考核、干部任期考核等相结合,保证目标达成,促进学校高质量发展。

(二)操作简便易行

学校、专业、课程、教师、学生五个层面诊改主体按照"事前制定目标标准、事中进行监测预警、事后开展诊断改进"流程,强化系统设计,规范和优化诊断要素和诊断点设置,提升诊改工作效率。

(三)注重数据支撑

依据教育现代化要求和智能化校园建设规划,提升网络基础设施,完善校本数据中心,加快业务系统智能化升级,实现数据源头采集、即时采集和开放共享,进一步提高数据支撑诊改和服务师生的水平。

(四)保证常态化运行

完善内部质量保证体系各主体自我激励与考核激励制度,增强师生员工现代质量文化价值认同,保证诊改工作常态化的运行,不断提高内部治理体系和治理能力现代化水平。

三、建设目标

坚持"共创、共治、共享"理念,紧紧围绕学校事业发展规划目标任务,构建层次性、发展性和开放性相统一的标准体系,提升信息平台智能化水平,优化以"8"字形螺旋为核心的内部质量保证体系,凝练以"扬州工"文化为内核的校园质量文化,打造特色鲜明、高效运行的常态化自我诊改工作机制,形成内部保证与外部保障相协调的质量保障体系。

四、内部质量保证体系建设与运行

五个层面按照"事前、事中、事后"三个阶段,依托智能化信息平台,各主体自立目标、自定标准、自我监测、持续改进。

(一)学校层面

学校层面诊改工作由党办、院办牵头。完善目标任务分解机制,围绕学校事业发展规划目标,制定学校年度党政工作要点和年度目标任务,并分解传递到专业、课程及教师层面,使目标上下衔接。以总目标为依据,对标国家"双高"建设要求和省综合考核要求,细化学校层面相关标准,作为衡量目标达成度的标尺和底线。

按年度分解和下达各部门目标任务,纳入部门年度考核核心指标和干部任期考核指标。依托高水平学校建设管理系统,以年度为诊改周期,按月度监测预警,实时准确反映重点工作进展状态及目标任务的完成情况,常态化开展监测预警,持续进行诊断改进。

(二)专业层面

专业层面诊改工作由教务处牵头。根据学校专业建设规划,按照国家标杆专业—省级高水平专业—校级高水平专业—合格专业梯次,建立相应的目标和标准,明确年度建设任务,开展专业诊改。在专业诊改基础上,开展专业群诊改,形成专业群建设目标和标准，提高专业诊改系统性和专业诊改效能。将专业（群）诊改与专业建设绩效管理、专业认证相结合，聚焦专业（群）建设核心要素，从人才培养、课程及资源、师资团队、平台载体、服务能力、交流与合作方面制定诊断要素和设置诊断点，提升专业（群）层面诊改科学性、合理性和规范性。

以专业（群）诊改系统为主，高水平学校建设管理系统及智慧职教平台等为补充，实时采集专业状态数据，以三年为诊改周期，按学期监测预警。各专业（群）对照标准，自我监测，持续改进，不断提高专业（群）建设目标达成度。

（三）课程层面

课程层面诊改工作由教务处牵头。课程层面以教学诊改为主，按照课堂教学相关要求，制定课程教学目标、标准，优化课程教学诊断要素和设置诊断点，促进教学模式、教学方法、教学手段、教学评价的创新，不断提高课堂教学目标达成度。

基于课程诊改系统和智慧职教平台，实时采集教学实施状态数据，以学期为周期，结合课程特点设置监测预警时长，监测课程教学目标完成情况，分析存在问题，提出改进措施，不断提高课程教学目标达成度和学生满意度。

（四）教师层面

教师层面诊改工作由教师发展中心牵头。围绕学校师资队伍建设相关规划和重点建设项目的要求，以教师岗位聘期任务为主，结合职称评审条件、教学名师和优秀团队（教学、科研）遴选条件，引导教师制定个人发展规划，明确聘期目标与标准。针对不同岗位类型，从师德、教学、科研、社会服务四个维度，制定各岗位级别的诊断要素和诊断点，提高科学性和可操作性。优化"目标引领、标准驱动、自我诊改"的教师专业化发展机制，激励并引导教师职业发展。

依托教师发展服务平台及教师业绩管理系统，以岗位聘期为诊改周期，对照个人发展目标和标准，实时获取教师业绩信息，按学期监测预警。教师自主诊改、持续提升，最终实现教师个人发展目标，并能支撑学校（院部）师资队伍建设目标达成。

（五）学生层面

学生层面诊改工作由学工处牵头。围绕立德树人根本任务，坚持"厚植文化底蕴，精湛一技之长"育人理念，丰富学生支持服务体系内涵，从"厚德有志、知书有礼、手中有技、生活有乐、科创有为"五个维度，指导学生自设目标和标准，促进学生主动学习、自我发展，激发学生行动自觉和自我成长发展的内生动力，助力学生"职业素养高、迁移能力强、发展后劲足"的鲜明扬工特质形成。

依托学生成长服务平台，以学期为周期，实时获取学生成长数据，按月度监测预警。学生自主诊改、持续提升，最终实现个人发展目标。

在开展学生个人诊改基础上，开展班级、二级学院、学校学生工作诊改，形成学生个人—班级—二级学院—学校的四级诊改监测预警体系。

以上五个层面诊改主体依据数据和事实，按照规定的诊改周期，对照标准，自我诊断，针对发现的问题提出有效改进措施，并形成诊改报告。

五、平台建设与支撑

围绕教育现代化要求和智能化校园建设规划，推进信息系统智能化升级，为诊改运行提供平台支撑和数据支持。平台建设按照《扬州工业职业技术学院信息化建设与管理办法》实施。

（一）建设智能化网络

引入5G、Wi-Fi 6等多种物联网组网技术，推进桌面云平台应用，建设高速泛在校园网络；持续推进以数据中心为基础的"一中心多平台"建设，实现各业务系统数据对接、共享；完善网络基础设施，升级硬件设备，优化网络安全系统，提升基础网络保障能力。

（二）推进"智能化+教学"

实施教室、实验实训室等教学场所智能化改造，打造交互型学习空间；利用信息化教学平台，打造泛在学习空间，促进信息技术与教育教学深度融合；开展课程数字化改造，打造智能化学习空间；建设集教育教学、学分银行与技能鉴定等功能于一体的智能化课程中心，满足学生多样化学习需求。

（三）完善"智能化+管理"

推进校内教学、科研、人事、学工等应用系统智能化升级，建立数据驱动的智能化管理体系；健全管理大数据主题化分析模型，深度分析和挖掘数据，建立基于数据的科学决策体系；丰富教师发展平台、学生成长平台等系统智能化服务功能，为师生精准推送服务信息；完善"一网通办"服务流程，建设个人数字中心和"一表通"系统，为师生提供便捷高效的一站式在线服务。

六、保障措施

（一）组织保障

进一步完善学校内部质量保证体系建设工作委员会运行机制，健全诊改工作组织体系。学校、专业、课程、教师、学生五个层面诊改分别由党办、院办、教务处、教师发展中心、学工处牵头，学校其他各部门主动对接学校质保体系，为保证学校教育教学质量提供必要的保障。各教学单位成立二级质量保证机构，负责人由本单位行政主要负责人担任。将诊改工作纳入职能部门、二级学院（部）年度目标考核和干部任期考核。建立重点项目诊改运行质态的监测。

（二）制度保障

进一步优化五个层面诊改运行实施办法，立足诊改融入日常工作，突出操作简便易行，提高诊改运行可操作性和实效性。优化目标考核评价体系，完善"目标引领、任务驱动、成果导向、绩效考核"的激励机制，不断健全学校自我诊断、自我约束、自我发展机制。继续加强师生诊改理念培训，深入推进"扬州工"为核心的校园质量文化建设，将"精益求精、匠心独运"内化为全体师生的价值观念和行为规范，增强师生质量文化认同。推动内部控制对学校管理活动全覆盖，健全"制度管人、流程管事、过程可溯、绩效可测"的内控体系。

（三）经费保障

学校提供诊改常态化运行所必要的人、财、物支持，将所需要经费纳入学校年度项目预算。各部门应规范合理使用，提高资金效益，为高质量完成目标任务提供保障。

附件：专业、课程、教师、学生层面诊断点（表 3-1 至表 3-5）

表 3-1　专业（群）建设诊断点

序号	建设目标	建设标准	诊断点	备注
1	国家标杆专业	1. 人才培养质量	（1）国家级教学成果项目获奖，不少于 1 个	3 选 1
			（2）获全国职业院校技能大赛一等奖，不少于 1 个	
			（3）获全国大学生创新创业大赛金奖，不少于 1 个	
			（4）现代学徒制、订单班培养等培养学生人数与应届毕业生人数的比例达到 30%	
			（5）毕业生高质量就业率不低于 50%（升学率不低于 30%、创业率不低于 5%）	
			（6）用人单位满意度不低于 90%，学生毕业一年后平均薪酬不低于 5 000 元/月	
		2. 教学资源	（1）建有国家级精品课程，80%课程建成精品课程	3 选 1
			（2）获批国家职业教育"课题革命"典型案例	
			（3）获批国家课程思政示范课堂，不少于 1 个	
			（4）建有国家规划教材，不少于 1 部	4 选 1
			（5）获全国教材建设奖，不少于 1 部	
			（6）获批省级及以上教改项目，不少于 1 项	
			（7）制定国家专业标准，不少于 1 个	
		3. 省级及以上名师团队	（1）国家级教学能力竞赛获奖，不少于 1 个	3 选 1
			（2）建有省级以上教科研团队，不少于 1 个	
			（3）拥有国家级教学名师，不少于 1 人	
			（4）专业具有博士学位教师人数占比不低于 20%	
			（5）建有省级及以上"双师型"教师培养培训基地，"双师"比例不低于 80%	2 选 1
			（6）专业教师担任行指委或教指委委员及以上职位	

续表

序号	建设目标	建设标准	诊断点	备注
1	国家标杆专业	4. 省级及以上平台	（1）建成全国示范性职业教育集团，不少于1个	3选1
			（2）建有省级及以上产教融合项目，不少于1项	
			（3）建设省级重大合作项目或体制机制改革项目，不少于1项	
		5. 社会服务能力位于全国相同专业前10%	（1）具有国家级科研项目，不少于1项	5选3
			（2）建有省级科研创新平台，不少于1个	
			（3）完成学校科研及社会服务到账给定指标任务	
			（4）授权发明专利不低于5项	
			（5）年培训规模达1 000人次以上	
		6. 国际交流与合作	（1）专业具有学历留学生或建有海外基地	2选1
			（2）输出教学（培训）标准，不少于1个	
2	省级高水平专业	1. 人才培养质量	（1）省级教学成果项目获奖，不少于1项	3选1
			（2）全国职业院校技能大赛获奖，不少于1个	
			（3）全国大学生创新创业大赛获奖，不少于1个	
			（4）现代学徒制、订单班培养等培养学生人数与应届毕业生人数的比例达到25%	
			（5）毕业生高质量就业率不低于40%（升学率不低于30%、创业率不低于5%）	
			（6）用人单位满意度不低于85%，学生毕业一年后平均薪酬不低于4 500元/月	
		2. 教学资源	（1）建有省级精品课程，70%课程建成精品课程	3选1
			（2）获批省级职业教育"课题革命"典型案例	
			（3）获批省级课程思政示范课堂，不少于1个	
			（4）建有省级规划教材，不少于1部	4选1
			（5）建有省重点教材，不少于1部	
			（6）获批省级及以上教改项目，不少于1项	
			（7）建设国家专业标准，不少于1个	

续表

序号	建设目标	建设标准	诊断点	备注
2	省级高水平专业	3. 省级及以上名师团队	（1）省级教学能力竞赛获一等奖，不少于1个	3选2
			（2）建有省级以上教科研团队，不少于1个	
			（3）拥有省级教学名师，不少于1人	
			（4）专业具有博士学位教师人数占比不低于15%	
			（5）建有省级"双师型"教师培养培训基地，"双师"比例不低于70%	2选1
			（6）专业教师担任行指委或教指委委员及以上职位	
		4. 省级及以上平台	（1）建有省级产教融合项目，不少于1项	2选1
			（2）建设重大合作项目或体制机制改革项目，不少于1项	
		5. 社会服务能力位于全省相同专业群前10%	（1）有在研省级科研项目，不少于1项	5选3
			（2）建有省级科研创新平台，不少于1个	
			（3）完成学校科研及社会服务到账给定指标任务	
			（4）授权发明专利不低于6项	
			（5）年培训规模达2 000人次以上	
		6. 国际交流与合作	（1）专业具有学历留学生或海外培训基地	2选1
			（2）输出教学（培训）标准，不少于1个	
3	校级高水平专业	1. 人才培养质量	（1）省级教学成果项目获奖，不少于1项	3选1
			（2）获省职业院校技能大赛一等奖，不少于1个	
			（3）获省大学生创新创业大赛金奖，不少于1个	
			（4）现代学徒制、订单班培养等培养学生人数与应届毕业生人数的比例达到20%	
			（5）毕业生高质量就业率不低于30%（升学率不低于20%、创业率不低于2%）	
			（6）用人单位满意度不低于80%，学生毕业一年后平均薪酬不低于4 000元/月	

续表

序号	建设目标	建设标准	诊断点	备注
3	校级高水平专业	2. 教学资源	（1）建有省级精品课程，50%课程建成精品课程	3选1
			（2）获批省级职业教育"课题革命"典型案例	
			（3）获批省级课程思政示范课堂	
			（4）建有省级规划（含省重点教材）或立项校级规划教材2部	2选1
			（5）立项省级教改项目1项或立项校级教改项目2项	
		3. 校级及以上课程团队	（1）省级教学能力竞赛获奖，不少于1个	
			（2）建有校级教科研团队，不少于1个	2选1
			（3）立项建设校级重点课程团队，不少于1个	
			（4）专业具有博士学位教师人数占比不低于10%	
			（5）建有校级"双师型"教师培养培训基地，"双师"比例不低于50%	2选1
			（6）专业教师担任行指委或教指委委员及以上职位	
		4. 校级及以上平台	（1）建有省级产教融合项目	4选2
			（2）建设市厅级及以上重大合作项目，不少于1项	
			（3）建有实体化平台，不少于1个	
			（4）有国内500强合作企业	
		5. 社会服务能力位于全省相同专业前20%	（1）有在研省级科研项目，不少于1项	5选3
			（2）建有省级科研创新平台，不少于1个	
			（3）完成学校科研及社会服务到账给定指标任务	
			（4）授权发明专利不低于2项	
			（5）年培训规模达300人次以上	
		6. 国际交流与合作	（1）专业具有学历留学生或海外培训基地	2选1
			（2）参与国际交流与合作相关活动2次	

续表

序号	建设目标	建设标准	诊断点	备注
4	合格专业	1. 人才培养质量	（1）省职业院校技能大赛获奖，不少于1个	3选1
			（2）省大学生创新创业大赛获奖，不少于1个	
			（3）现代学徒制、订单班培养等培养学生人数与应届毕业生人数的比例达到10%	
			（4）毕业生高质量就业率不低于20%	2选1
			（5）用人单位满意度不低于85%	
		2. 教学资源	（1）职教云平台使用率达100%	
			（2）获批校级职业教育"课题革命"典型案例，不少于1个	2选1
			（3）获批校级课程思政示范课堂，不少于1个	
			（4）立项校级规划教材，不少于1部	2选1
			（5）立项校级教改项目，不少于1个	
		3. 校级及以上课程团队	（1）省级教学能力竞赛获奖，不少于1个	4选1
			（2）建有校级教科研团队，不少于1个	
			（3）立项建设校级一般课程团队，不少于1个	
			（4）培育校级"双师型"教师培养培训基地，不少于1个	
		4. 校级及以上平台	（1）校内实训室开课率不低于80%	
			（2）校外实训基地使用率不低于80%	
		5. 社会服务能力	（1）获批在研校级科研项目，不少于1项	6选3
			（2）建有校级科研创新平台1个	
			（3）完成学校科研及社会服务到账给定指标任务	
			（4）授权发明专利不低于1项	
			（5）年培训规模达100人次以上	

表3-2 课程诊断点（课程教学）

诊断要素	诊断点	公共基础课 合格课堂诊断标准	公共基础课 示范课堂诊断标准	诊断点	专业理论（实践）课 合格课堂诊断标准	专业理论（实践）课 示范课堂诊断标准
教学资料	1. 课程标准、教案、授课计划是否完整，且与学校进程是否吻合	1. 课程标准、教案、授课计划完整 2. 满足课程标准，且与学校进程一致	1. 课程标准、教案、授课计划完整 2. 满足课程标准，且与学校进程一致 3. 选用高水平教材或有校企合作开发教材	1. 课程标准、教案、授课计划是否完整，且是否选用高水平教材或有校企合作开发教材	1. 课程标准、教案、授课计划完整 2. 满足课程标准，且与学校进程一致	1. 课程标准、教案、授课计划完整 2. 满足课程标准，且与学校进程一致 3. 选用高水平教材或有校企合作开发教材
教学实施	2. 学生课前预习达标 3. 学生出勤率达标 4. 师生课堂互动多 5. 学生课后作业完成度高 6. 课程资源丰富	3. 学生课前预习达95% 4. 学生出勤率达90% 5. 师生课不少于3次 6. 学生课后作业完成度不低于90%	3. 学生课前预习过90% 4. 学生出勤率达95% 5. 师生课不少于5次，每节课活动类型多样，课程资源丰富 6. 学生课后作业完成度不低于95%	3. 学生课前预习达标 4. 学生出勤率达标 5. 师生课堂互动多 6. 学生课后作业比例完成	3. 学生课前预习过95% 4. 学生出勤率达90% 5. 师生课不少于3次 6. 学生课后作业完成度不低于90% 7. 实践教学比例符合要求	4. 学生课前预习过90% 5. 学生出勤率达95% 6. 师生课不少于5次，每节课活动类型多样，课程资源丰富 7. 学生课后作业不低于95% 8. 实践教学形式多样
课程考核	7. 考核与评价方案合理，能有效测量目标的达成度 8. 课程成绩及格率和成绩优秀率达标	7. 有明确的考核与评价方案 8. 课程成绩及格率在70%以上，成绩优秀率在20%以上	7. 考核与评价方案合理，能有效测量目标的达成度 8. 课程成绩及格率在80%以上，成绩优秀率在30%以上		8. 有明确的考核与评价方案 9. 课程成绩及格率在70%以上，成绩优秀率在20%以上	9. 考核与评价方案合理，能有效测量目标的达成度 10. 课程成绩及格率在80%以上，成绩优秀率在30%以上
教学效果	9. 学生评价：完成教学任务，兼顾所有学生，学生满意度达标	9. 学生评价：完成课堂教学任务，学生满意度不低于96%，督导评价：学院排名前2/3	9. 学生评价：完成课堂教学任务，学生满意度达100%，督导评价：学院排名前1/3		10. 学生评价：完成课堂教学任务，学生满意度不低于96%，督导评价：学院排名前2/3	11. 学生评价：完成课堂教学任务，学生满意度100%，督导评价：学院排名前1/3

表 3-3 教师层面诊改目标

序号	教师类型	目标	备注
1	国家级教学名师及培育对象，国家级教学、科研团队负责人	至少完成对应 3 级岗聘期任务	
2	省级教学名师及培育对象，省级教学、科研团队负责人	至少完成对应 4 级岗聘期任务	
3	校级教学名师及培育对象，校级教学、科研团队负责人	至少完成对应 5 级岗聘期任务	
4	其他教师	完成所聘岗位聘期任务	

表 3-4 教师层面诊改标准及诊断点（以教学科研并重型为例）

岗位级别		标准	诊断点	备注
3 级岗	教学	1. 课程教学任务完成得好	（1）完成规定工作量	
			（2）课程学期教学质量评价良好以上不少于 2 次	
		2. 教学建设能力强	（1）作为主要完成人（前2）完成1项省级教学质量建设或研究项目	2 选 1
			（2）参与获得 1 项省级以上奖项与表彰	
	教科研	1. 教科研实力强	（1）主要参与（前2）省级教研科研项目 1 项	3 选 1
			（2）主要参与（前2）省级教研科研平台、教研科研团队等建设 1 项	
			（3）主持市（厅）级项目 1 项	
		2. 教科研成果水平高	（1）发表核心期刊以上科研论文 1 篇以上	6 选 1
			（2）通讯作者（第一作者为我院教师）发表核心期刊以上科研论文 2 篇	
			（3）出版专著 1 部	
			（4）在核心期刊或国家级报刊职教研究版上发表教学研究与实践的论文 1 篇	
			（5）获得授权发明专利并转化 2 项	
			（6）参与获得省级以上科研成果奖励	

续表

岗位级别	标准		诊断点	备注
4级岗	教学	1. 课程教学任务完成得好	（1）完成规定工作量	
			（2）课程学期教学质量评价良好以上不少于2次	
		2. 教学建设能力强	（1）作为主要完成人（前3）完成1项省级教学质量建设或研究项目	
			（2）参与获得1项省级以上奖项与表彰	
	教科研	1. 教科研实力强	（1）主要参与（前2）省级教研科研项目1项	3选1
			（2）主要参与（前2）省级教研科研平台、教研科研团队等建设1项	
			（3）主持市（厅）级项目1项	
		2. 教科研成果水平高	（1）发表核心期刊以上科研论文1篇	6选1
			（2）通讯作者（第一作者为我院教师）发表核心期刊以上科研论文2篇	
			（3）出版专著1部	
			（4）在核心期刊或国家级报刊职教研究版上发表教学研究与实践的论文1篇	
			（5）获得授权发明专利并转化1项	
			（6）主要参与（前5）获得市（厅）级以上科研成果奖励	
	社会服务	社会服务能力强	主持横向项目到账经费12万元以上	
	其他	传帮带作用发挥好	至少指导1位青年教师并通过验收	
5级岗	教学	1. 课程教学任务完成得好	（1）完成规定工作量	
			（2）课程学期教学质量评价良好以上不少于2次	

续表

岗位级别		标准	诊断点	备注
5级岗	教学	2. 教学建设能力较强	（1）作为主要完成人（前3）完成1项省级教学质量建设或研究项目	2选1
			（2）参与获得1项省级以上奖项与表彰	
	教科研	1. 教科研实力较强	（1）主要参与（前3）省级教研科研项目1项	3选1
			（2）主要参与（前3）省级教研科研平台、教研科研团队等建设1项	
			（3）主持市（厅）级项目1项	
		2. 教科研成果水平高	（1）发表核心期刊以上科研论文1篇以上	5选1
			（2）出版专著1部	
			（3）在核心期刊或国家级报刊职教研究版上发表1篇教学研究与实践的论文	
			（4）获得授权发明专利并转化1项	
			（5）参与获得市（厅）级以上科研成果奖励	
	社会服务	社会服务能力较强	主持横向项目到账经费10万元以上	
	其他	传帮带作用发挥好	至少指导1位青年教师并通过验收	
6级岗	教学	1. 课程教学任务完成好	（1）完成规定工作量	
			（2）课程学期教学质量评价良好以上不少于2次	
		2. 教学建设能力较强	（1）作为主要完成人（前4）完成1项省级教学质量建设或研究项目	3选1
			（2）主持完成1项校级教学质量建设或研究项目	
			（3）参与获得1项省级以上奖项与表彰	

续表

岗位级别	标准		诊断点	备注
6级岗	教科研	1. 教科研实力较强	（1）主要参与（前3）省级教研科研项目1项	3选1
			（2）主要参与（前3）省级教研科研平台、教研科研团队等建设1项	
			（3）主持市（厅）级项目1项	
		2. 教科研成果水平高	（1）发表核心期刊以上科研论文1篇以上	5选1
			（2）出版专著1部	
			（3）在核心期刊或国家级报刊职教研究版上发表1篇教学研究与实践的论文	
			（4）获得授权发明专利并转化1项	
			（5）参与获得市（厅）级以上科研成果奖励	
	社会服务	社会服务能力较强	主持横向项目到账经费8万元以上	
	其他	较好地发挥传帮带作用	完成学院安排的青年教师指导工作	
7级岗	教学	1. 课程教学任务完成好	（1）完成规定工作量	
			（2）课程学期教学质量评价良好以上不少于2次	
		2. 教学建设能力较强	（1）作为主要完成人（前5）完成1项省级教学质量建设或研究项目	3选1
			（2）主持完成1项校级教学质量建设或研究项目	
			（3）参与获得1项省级以上奖项与表彰	
	教科研	1. 教科研实力较强	（1）主要参与（前3）省级教研科研项目1项	3选1
			（2）主要参与（前3）省级教研科研平台、教研科研团队等建设1项	
			（3）主持市（厅）级项目1项	

续表

岗位级别	标准		诊断点	备注
7级岗	教科研	2.教科研成果水平高	（1）发表核心期刊以上科研论文1篇以上	5选1
			（2）出版专著1部	
			（3）在核心期刊或国家级报刊职教研究版上发表1篇教学研究与实践的论文	
			（4）获得授权发明专利并转化1项	
			（5）参与获得市（厅）级以上科研成果奖励。	
	社会服务	社会服务能力较强	主持横向项目到账经费7万元以上	
	其他	较好地发挥传帮带作用	完成学院安排的青年教师指导工作	
8级岗	教学	1.课程教学质量较好	（1）完成规定工作量	2选1
			（2）课程学期教学质量评价良好以上不少于2次	
			（3）课程学期教学质量评价优秀不少于1次	
		2.具有较好的教学建设能力	（1）参与完成1项校级教学质量建设项目	2选1
			（2）参与获得1项省级以上奖项与表彰	
			（3）主要参与（前3）完成1项校级教改项目等	
	教科研	1.具有较好的教科研实力	（1）主要参与（前3）市（厅）级教研科研项目1项	3选1
			（2）主要参与（前3）市（厅）级教研科研平台、教研科研团队等建设1项	
			（3）主持完成校级以上教研科研项目1项	

续表

岗位级别	标准		诊断点	备注
8级岗	教科研	2. 教科研成果水平较高	（1）完成发表教研科研论文1篇	4选1
			（2）参与出版专著1部以上	
			（3）获得授权专利并转化1项	
			（4）获得科研成果奖励	
	社会服务	具有较好的社会服务能力	主持横向项目到账经费6万元以上	
9级岗	教学	1. 课程教学质量较好	（1）完成规定工作量	2选1
			（2）课程学期教学质量评价良好以上不少于2次	
			（3）课程学期教学质量评价优秀不少于1次	
		2. 具有较好的教学建设能力	（1）参与完成1项校级教学质量建设或研究项目	3选1
			（2）参与获得1项省级以上奖项与表彰	
			（3）主要参与（前2）获得1项校级以上奖项与表彰	
			（4）主要参与（前3）完成1项校级教改项目等	
	教科研	1. 具有较好的教科研实力	（1）主要参与（前3）市（厅）级以上教研科研项目1项	3选1
			（2）主要参与（前3）市（厅）级以上教研科研平台、教研科研团队等建设1项	
			（3）主持完成校级以上教研科研项目1项	
		2. 教科研成果水平较高	（1）完成发表教研科研论文1篇	4选1
			（2）参与出版专著1部	
			（3）获得授权专利1项	
			（4）获得科研成果奖励1项	
	社会服务	具有较好的社会服务能力	主持横向项目到账经费5万元以上	

续表

岗位级别	标准		诊断点	备注
10级岗	教学	1. 课程教学质量较好	（1）完成规定工作量	2选1
			（2）课程学期教学质量评价良好以上不少于2次	
			（3）课程学期教学质量评价优秀不少于1次	
		2. 具有较好的教学建设能力	（1）参与完成1项校级教学质量建设或研究项目	3选1
			（2）参与获得1项省级以上奖项与表彰	
			（3）主要参与（前3）获得1项校级以上奖项与表彰	
			（4）主要参与（前3）完成1项校级教改项目等	
	教科研	1. 具有较好的教科研实力	（1）主要参与（前3）市（厅）级以上教研科研项目1项	3选1
			（2）主要参与（前3）市（厅）级以上教研科研平台、教研科研团队等建设1项	
			（3）主持完成校级以上教研科研项目1项	
		2. 教科研成果水平较高	（1）完成发表教研科研论文1篇	4选1
			（2）参与出版专著1部	
			（3）获得授权专利1项	
			（4）获得科研成果奖励1项	
	社会服务	具有较好的社会服务能力	主持横向项目到账经费4万元以上	

续表

岗位级别	标准		诊断点	备注
11级岗、12级岗	教学	1. 课程教学质量较好	（1）完成规定工作量	
			（2）课程学期教学质量评价良好以上不少于2次	2选1
			（3）课程学期教学质量评价优秀不少于1次	
		2. 具有一定的教学建设能力	（1）参与完成1项校级教学质量建设或研究项目	3选1
			（2）参与获得1项省级以上奖项与表彰	
			（3）主要参与（前5）获得1项校级以上奖项与表彰	
			（4）主要参与（前5）完成1项校级教改项目等	
	教科研	1. 具有一定的教科研实力	（1）主要参与（前5）市（厅）级以上教研科研项目1项	3选1
			（2）主要参与（前5）市（厅）级以上教研科研平台、教研科研团队等建设1项	
			（3）主持完成校级以上教研科研项目1项	
		2. 教科研成果具有一定水平	（1）完成发表教研科研论文1篇	4选1
			（2）参与出版专著1部	
			（3）获得授权专利1项	
			（4）获得科研成果奖励1项	
	社会服务	具有一定的社会服务能力	主持横向项目到账经费3万元以上	

表 3-5 学生个人发展目标标准

学期目标	学期标准	五项素质	诊断点	载体与举措	发展要求
优秀（A）良好（B）合格（C）	一、优秀学生标准 （一）必选项 1. 综合素质排名位于班级前20% 2. 所修课程首考达到良好以上，无等次考核须及格 3. 德智体美劳全面发展，第二课堂活动参加5项以上 4. 无任何纪律处分 （二）任选项：有下列之一 1. 取得单项以上奖学金 2. 荣获校级以上优秀学生干部、团干部 3. 荣获校级以上三好学生 4. 毕业班学生 （1）取得毕业生"校长奖章" （2）取得副学士证书 （3）取得优秀毕业生 二、良好学生标准必选项 1. 综合素质排名位于班级前50% 2. 所修课程首考达到中等以上，无等次考核须及格 3. 德智体美劳全面发展，第二课堂活动参加3~4项 4. 无任何纪律处分 三、合格学生标准必选项 1. 所修课程无不及格门次 2. 德智体美劳全面发展，第二课堂活动参加1~2项 3. 无任何纪律处分	厚德有志	理想信念 爱国情怀 法纪意识 诚信感恩	思想政治理论课	必选项目
				新生军训	必选项目
				"红色之旅"活动	自选项目
				……	……
		知书有礼	传统文化 文学欣赏 艺术鉴赏 文明礼仪	艺术类选修课	必选项目
				社会实践与志愿服务活动	必选项目
				高雅艺术进校园活动	自选项目
				……	……
		手中有技	专业认同 学业规划 职业素养 职业技能	专业课程	必选项目
				职业生涯规划课	必选项目
				职业行为习惯培养	自选项目
				……	……
		生活有乐	健康体质 体育锻炼 阳光心态 生活技能	体育课	必选项目
				军事训练	必选项目
				"3·20"心理健康教育周	自选项目
				……	……
		科创有为	科学精神 科技素养 创新思维 创业能力	创业基础课程	必选项目
				创业政策调研活动	必选项目
				专利申报	自选项目
				……	……

3.2 学校诊改工作实践

扬州工职院依据自身诊改运行实施方案，以提高利益相关方对人才培养质量的满意度为目标，按照"需求导向、自我保证、多元诊断、重在改进"的工作方针，遵循"55821"基本架构，完善目标与标准体系，建立并运行"8"字形螺旋，形成了自我约束、自我发展的常态化诊改工作机制，持续提高人才培养质量，促进学校质量体系和治理能力现代化建设。

"两链"打造依据学校规划。① 学校层面。学校在"十三五"事业发展规划基础上，根据第三次党代会制定的未来五年奋斗目标，对学校发展目标进行 SWOT 分析。依据党代会提出的"七大行动计划"编制专项规划和二级学院（部）分规划，将学校发展目标通过层层分解和压力传导的方式，传递到专业、课程、教师层面，使得目标上下衔接，形成目标体系。依据学校总规划和年度目标任务，运用 SMART 原则对目标进行量化，设计完善五个层面标准体系，做到标准上下支撑。按照精准效能原则，全校 26 个机关部门共梳理了 174 条部门职责，明确了 92 个岗位职责及任职条件，制定了近 1 000 条工作标准，梳理了 174 个网上办事流程。② 专业层面。各专业根据自身发展水平，按照标杆专业、品牌、骨干等层次，确定发展定位，制定具体、可测的专业建设标准，形成符合学校规划要求和自身基础的目标与标准体系。③ 课程层面。学校依据课程在专业人才培养中的定位和学校课程建设标准制订建设计划，形成了国家、省、校三级在线开放课程建设和教学的目标与标准体系。④ 教师层面。学校依据师资队伍建设规划及专业建设规划，结合岗位聘任、职称评审等，引导教师制定具体、可测的个体发展目标与标准。⑤ 学生层面。学校坚持以学生为中心的"三全"育人理念，根据"职业素养高、迁移能力强、发展后劲足"扬工学生特质要求，指导学生基于"1520X"学生支持服务体系制定成长目标。

螺旋建立简便易行。学校按照"事前设定目标标准、事中进行监测预警、事后开展诊断改进"的运行流程，以"8"字形螺旋为基本单元，以智能化信息平台为支撑，从横向五个层面对标找差，进行自我阶段诊断和常态纠偏。① 学校层面。学校以二级单位为主体，建立了目标任务分解、实施、诊断、改进机制，将目标任务完成情况纳入部门考核和干部任期考核。以年度为周期，分解和下达目标任务，借助网上服务大厅和目标任务管理系统运行"8"字形螺旋，按月度监测预警。② 专业层面。学校以专业团队为主体，以三年为诊改周期，基于专业管理系统按学期监测预警。③ 课程层面。课程建设诊改主体是课程团队，以立项建设周期为诊改周期，基于目标任务系统按季度监测预警。课程教学诊改主体是任课教师，以学期为诊改周期，通过智能云课堂实时采集数据，按半个月监测预警。④ 教师层面。诊改主体是教师个人，以岗位聘任期为诊改周期，通过教师发展服务平台获取状态数据，按学期监测预警。⑤ 学生层面。诊改主体是学生个人，以学期为诊改周期，基于学生成长服务平台按月监测预警。学校建立各层面的诊改联动机制，并与相关考核相结合，形成螺旋持续运行的动力。

引擎驱动成效显现。学校建立了党委领导、校长负责、质量保证委员会全面协调指挥、各教学单位为质量生成核心、业务职能部门组织诊改的学校内部质量保证工作体系。建立了以学校诊改实施办法和五个层面诊改实施细则为核心的制度体系，健全了与内部质量保证体系相适应的考核激励制度，实现诊改工作与常规工作结合，考核工作与自我诊改结合，促进学校治理水平和整体实力不断提升。学校将诊改培训纳入教师业务培训中，先后邀请杨应崧、何锡涛等专家做系统化培训。通过创设物质环境、完善管理制度、规范行为习惯、打造文化育人载体等，逐步培养师生精益求精的质量意识和工匠精神，打造以"扬州工"为特色的校园文化和以"扬州工"为核心的专业文化，不断增强师生对诊改的认识，将质量内化为师生的价值规范和行为规范，营造"人人重视质量、人人创造质量、人人享受质量"的氛围，形成自我约束、自我发展机制。

平台建设支撑体系运行。学校加强信息化建设顶层设计，统筹规划智能化校园建设方案，采取统一规划、分步实施的方式，在原有教务系统、科研系统、人事系统、学工系统等业务系统的基础上，建成了校本数据中心、网上服务大厅、目标任务管理系统、智能云课堂、教师发展服务平台及学生成长服务平台等系统实时呈现五个层面状态数据，并能对标进行分析比较，运用雷达图展现分析结果，发挥预警诊断作用。各业务系统通过校本数据中心实现数据互通共享、源头采集、实时采集，基本消除了信息孤岛。2019年学校获得江苏省智慧校园荣誉称号。

诊改实施以来，学校遵循"55821"内部质量保证体系架构，以"两链"打造为起点，以螺旋运行为抓手，以平台建设为支撑，不断探索实践，使各项事业得以快速发展。

3.2.1 学校层面诊改实践

扬州工职院历来重视教育教学质量，2009年将原来隶属教务处的督导工作单独剥离出来，专门成立了教学质量监督与管理办公室，作为学校一个职能处室，在原有督学的基础上，增加了督教和督管的职能，为学校确立质量立校的发展战略奠定了基础。

一、诊改历程

（一）诊改试点工作进展

2017年江苏省教育厅发布了《省教育厅关于深化高职院校内部质量保证体系建设推进诊断与改进试点工作的通知》（苏教高〔2017〕20号），要求充分发挥诊改试点院校引领作用，全面总结首批五所诊改试点院校经验成效，开展第二批诊改试点院校申报工作，并作为《江苏高等职业教育创新发展卓越计划》的重要内容。学校审时度势，启动了省级高职诊改试点院校申报，并于2018年6月获批试点院校。获批试点后，学校加大诊改工作推进力度，分批次、分层次开展诊改培训，增强全员理念认识和行动自觉。2019年学校发布诊改试点运行实施方案（1.0版），扎实推进五个层面诊改工作和信息化平台建设。2020年五个层面按照"事前、事中、事后"流程，全面运行诊改。2021年各层面诊改进入常态化运行阶段，学校作为全省首家省级诊改试点院校通过江苏省教育厅复核，结论为"有效"。

（二）诊改工作推进措施

首先，学校高度重视。学校在第三次党代会上提出了实施治理能力提升行动计划，着力健全内部质量保证体系。多次研究诊改工作，明确工作目标、工作举措，并建立了党委领导、校长负责、质量保证委员会全面协调指挥、质量管理办公室负责质量保证体系设计与质量评价、各教学单位为质量生成核心、业务职能部门组织诊改的质量保证工作体系，确保诊改试点工作扎实推进，并取得实质成效。

其次，学校建立了诊改工作月度推进机制。由校领导牵头，分别建立诊改工作和信息化建设的月度推进机制，召开月度推进会。内部质量保证体系建设委员会每半年听取一次诊改工作汇报，确保按序推进工作。

再次，学校把诊改工作融入日常工作。这主要体现在"四个相结合"上。一是诊改工作与考核工作相结合。学校将诊改工作任务纳入二级学院（部）领导班子三年任期考核指标和年度工作考核指标。在年度工作考核指标中，诊改工作作为考核的基本项，必须完成。二是教师层面诊改与职称评聘、岗位聘任相结合。学校将聘期任务作为发展目标与标准底线，将职称评审条件作为发展目标，提高个人目标达成度，激发内生动力，促进教师专业发展。三是学生诊改与人才培养相结合。学校将育人目标和人才培养要求融入学生成长计划，促进学生学业完成和个性化发展。四是专业课程诊改与专业课程建设相结合。学校将专业课程建设目标与标准作为专业课程诊改内容，促进建设目标达成。

（三）简化诊改运行体系

在遵循"55821"内部质量保证体系架构的基础上，为了加强可操作性，学校把纵向五系统放在学校层面考虑，简化体系结构，明确监测预警周期和诊改周期，健全部门职责、岗位职责、工作标准及制度体系，形成了具有学校特色的内部质量保证体系。

二、"两链"打造

第一，学校层面。2021年前，学校以第三次党代会确定的20项核心指标和"十三五"规划中40项一级指标为学校总目标；2021年开始，以"十四五"事业发展规划为学校总目标，将学校发展目标通过层层分解和压力传导的方式传递到专业、课程及教师层面，使目标上下衔接、支撑，从而形成学校发展目标体系。

第二，专业和课程层面。学校结合专业建设规划，按照全国标杆专业、省级品牌特色专业和一般专业等层次，确立各专业发展定位，分层次制定专业建设目标与标准，形成专业层面目标与标准体系。学校立项建设7个校级高水平专业，其中标杆专业2个，特色专业5个。

依据课程在专业人才培养中的定位，学校构建了国家、省、校三级在线开放课程建设体系，并分别按校企合作开发课程、课程思政示范课程、专创融合课程等学校设定的六类课程，建立了课程层面目标与标准体系。学校共立项建设197门课程，其中，省级以上在线开发课程18门。

第三，教师层面。学校结合二级学院（部）发展定位，将师资队伍建设目标分解到各学院（部），形成二级学院（部）发展规划及专业建设方案中的师资队伍建设目标。教师个人依据二级学院（部）发展规划和专业建设方案中的师资队伍建设目标，结合自身能力、优势，根据职称评审和岗位聘期基本要求等，制订个人三年发展规划。

第四，学生层面。学校依据育人目标及专业培养方案中的毕业标准，培养具有"职业素养高、迁移能力强、发展后劲足"扬工特质的学生，构建了以1个目标、5个诊断要素、20个诊断点、X个活动项目为载体的"1520X"学生支持服务体系，引导学生按学期制订个人成长规划，形成个人成长目标和标准。

三、螺旋运行

学校按照"事前设定目标标准、事中进行监测预警、事后开展诊断改进"的运行流程，以"8"字形螺旋为基本单元，以智能化信息平台为支撑，从五个横向层面对标找差、自我诊断、持续改进，促进人才培养质量提升。

（一）学校层面

第一步，建立目标标准。学校根据"十三五"事业发展规划中的40项一级指标和第三次党代会确定的20项核心指标，制定年度党政工作要点，形成职能部门年度目标任务，再分解形成二级学院（部）目标任务和考核标准。在目标任务管理系统中，建立各单位目标任务，明确各个项目任务要求，保证学校发展目标达成。如2020年，学校共有9个方面、24项工作要点、112项重点工作，将之分解后形成各部门288项考核核心指标，并进一步下达至二级学院（部）。

第二步，实施监测预警。学校以月度为监测预警周期。每月末，各单位依托"一页纸"项目管理表进行自我监测，呈现目标任务进展状态，对未按进度及质量要求完成的工作做出预警。组织部负责跟踪各单位目标任务完成率和完成进度。纪委办公室负责督查各单位目标任务完成效果，每月随机抽查部分单位，了解其是否按要求及时、如实反馈工作进度与完成质量。"一页纸"项目管理表会用不同颜色标记反馈目标任务月度完成情况，正常开展的用绿色表示，进度偏慢的用黄色表示，完成的用黑色表示。

第三步，开展诊断改进。学校以年度为诊改周期。每年年底各单位在目标任务管理系统中，对照年度目标任务，对每项任务完成情况进行自我诊断，反馈任务完成结果及质量，并针对存在的问题，分析原因，制定改进措施。在各单位年度诊改的基础上，学校对年度党政工作要点完成情况进行总结分析，形成诊改报告。

以 2020 年为例，学校 112 项重点工作共完成 104 项，完成率达 92.86%。对当年未完成的目标任务，学校已在事中阶段进行预警和原因分析。除由于客观原因无法完成而被明确取消的任务之外，学校根据实际情况将相关任务纳入下一年度目标任务，并作为重点督查任务督促责任单位按期推进。

在学校层面诊改实施过程中，各部门还完善了部门职责、岗位工作及工作标准。按照精简效能的原则，全校 26 个职能部门梳理了部门职责，明确了 92 个岗位近 1 000 条工作标准。完善了制度流程，建立了内控体系，共梳理了 10 个模块 67 项内控制度和 274 项内控流程，健全了"制度管人、流程管事、过程可溯、绩效可测"的内部控制体系。

（二）专业层面

第一步，建立目标标准。学校 42 个专业根据自身发展定位和各层次专业建设目标，制定了 2020—2022 年建设方案，明确建设标准、年度建设任务及责任人。围绕专业建设目标，编制专业教学标准和人才培养方案。如工业分析技术专业 2020 年共有建设任务 28 项，涉及 5 个方面，每项工作都具体、可测，并落实到人。

第二步，实施监测预警。各专业以学期为监测预警周期，依托专业诊改系统对专业建设情况实施监测预警，检查目标达成情况。针对出现的预警点，查找问题，分析原因，制定改进措施，努力完成年度目标任务。

第三步，开展诊断改进。各专业以三年为诊改周期，按年度开展考核性诊改。42 个专业结合年度建设目标任务达成情况进行自我诊改，形成年度考核性诊改报告，有效提升了专业建设目标达成度。如工业分析技术专业 2020 年度 28 个诊断点完成 25 个，建设任务完成率达 89.3%。

在专业诊改的基础上，学校开展了专业群诊改工作，比较群内各专业发展的情况，为专业群的发展提供改进依据，确保各专业均衡发展。

（三）课程层面

课程层面诊改包括课程建设诊改和课程教学诊改。

第一步，建立目标标准。各课程依据其在专业人才培养中的定位和课程建设目标、教学目标，制定2020—2022年建设方案，明确课程建设标准、教学标准。

第二步，实施监测预警。课程建设以季度为监测预警周期，依托课程诊改系统开展监测预警。课程教学以半个月或教学项目完成时间为监测预警周期，依托智能云课堂开展监测预警。

第三步，开展诊断改进。课程建设以立项建设周期为诊改周期，按年度开展考核性诊改。每年年底，课程负责人对照课程年度建设标准，开展课程建设诊断改进。课程教学以学期为诊改周期。学期结束后，授课教师对照课程教学标准，检查目标完成情况。2020年度有658门课程开展课程建设诊改，上半年有1847门次课程开展课程教学诊改。

（四）教师层面

这里主要介绍学校师资队伍建设诊改情况。

第一步，建立目标标准。学校结合党代会目标和"十三五"规划，提出了师资队伍建设总体目标，确定了师资队伍建设主要指标。

第二步，实施监测预警。学校以月度为周期依托目标管理系统实施监测预警。如2020年4月，学校引进高层次人才进度偏慢，出现了预警。主要原因是工作主动性还不够，信息收集渠道还不多。学校召开人才引进工作推进会，大力推进高层次人才引进工作，增强工作紧迫性和责任感，加强人才信息搜集，打造发展平台，增强对高层次人才的吸引力。

第三步，开展诊断改进。学校以年度为周期开展诊断改进。截至2020年年底，师资队伍建设5项主要指标全部完成，其中学校引进31名高层次人才，超额完成指标。

具体到教师个人，以学期为监测预警周期，以三年聘期为诊改周期，按年度开展考核性诊改。事前，教师根据职称评审和岗位聘期基本要求，制订个人三年发展规划，并分解到年度；事中，教师依托教师发展服务平台，开展监测预警，拿出改进措施；事后，教师按年度开展考核性诊改，针对未达成的目标，分析原因，制定诊改措施和计划，形成个人诊改报告，促进自我完善和提升，实现可持续发展。

如2020年，527名专任教师中，有501名参与诊改，参与率达95.1%。

（五）学生层面

第一步，建立目标标准。每学期初，学生根据学校育人体系和专业人才培养要求，结合个人发展需要，依托学生成长服务平台，选择参与的活动、项目、载体，确定本学期的个人成长目标与标准。

第二步，实施监测预警。学校建立学生发展规划目标完成情况监测预警机制。每个月，学生进行自我监测，班主任、辅导员对所带班级学生任务目标完成情况进行督查。

第三步，开展诊断改进。每学期结束前一周，各二级学院（部）组织班主任、辅导员指导学生开展诊断改进。学生围绕厚德有志、知书有礼、手中有技、生活有乐、科创有为等诊断要素和诊断点，寻找优势和不足，形成诊改报告。

如 2020—2021 学年第二学期，参加诊改学生人数为 12 550 人，学生总数为 13 263 人，参与率达 94.6%。

四、引擎驱动

引擎驱动分为机制引擎和文化引擎。

（一）机制引擎

第一，制度体系建设。为进一步完善学校内部质量保证体系，学校建立了以"1+5"为核心的诊改运行制度体系。其中，"1"是学校内部质量保证体系诊改实施办法，明确了各层面责任主体、诊改周期、诊改内容及保障机制。"5"是五个层面诊改运行实施细则，进一步细化了"事前、事中、事后"诊改实施步骤和工作要求。

第二，激励机制。激励机制分为自我激励机制和考核激励机制。其中，自我激励机制主要是通过不断健全学校荣誉体系，营造师生自我激励的现代质量文化氛围，激发师生内生动力，让师生在自我诊改中，实现目标导向与问题导向的统一，产生持续诊改的愿望。考核激励机制侧重强化考核结果应用，将诊改工作与考核工作相结合，将目标任务完成情况纳入部门年度考核和干部任期考核，保证学校发展目标的达成。

（二）文化引擎

第一，营造以"扬州工"为特色的质量文化。学校高度重视质量文化建设，将"精益求精、匠心独运""扬州工"文化与专业文化融合，作为校园质量文化建设的精髓，以培育工匠精神塑造校园质量文化之魂，并内化为全体师生的价值观念和行为规范，营造"人人重视质量、人人创造质量、人人享受质量"的氛围。

第二，强化诊改理念。学校先后邀请全国诊改专家和全国职教知名专家来校，在管理干部、教师及骨干人员三个层面，开展五期诊改培训，强化了全校教师对诊改的认识，增强了教师诊改实操能力。

五、平台建设

（一）信息化建设顶层设计

近年来，学校全面落实教育信息化2.0行动计划，不断探索建设智能化校园，让信息化贯穿于教育教学和校园管理服务工作，为学校事业发展提供坚强有力的信息化支撑，实施"校园一张网、数据一个库、信息一门户、登录一账号、办事一张表、校内一朵云"的"六个一"建设工程。

（二）支撑诊改的信息化建设框架

学校"自下而上"设计了智能化校园的整体框架，始终将"六个一"建设思路贯穿于其中，同时结合诊改需要，建设"一中心四平台"，使平台建设由面向管理变为面向服务，切实增强广大师生的获得感和满意度。

（三）"一中心四平台"

"一中心"指校本数据中心。校本数据中心自2019年投入建设，目前已经接入业务系统数据库20个，有效地提升了数据流转效率。自主设计了"领导驾驶舱"，包括"基本办学条件""人事""教学""科研"等多个维度的主题分析，为学校科学决策提供支持。

"四平台"指网上服务大厅、智能云课堂、教师发展服务平台、学生成长服务平台。

网上服务大厅将各部门业务在线化、流程化，实现业务办理的规范、透明、高效。

智能云课堂将信息化技术运用到教学过程中，方便教师、学生在PC端、移动端轻松使用，有效地增强了课堂教学效果。2020年起，校内教师智能云课堂的使用率已达100%。

教师发展服务平台、学生成长服务平台可进行实时监测预警、自动绘制雷达图、在线生成个人诊改报告等。学校通过平台数据，可实时查看预警分布，督促教师或学生及时改进。

六、诊改成效

试点以来，诊改成效明显。年度目标任务达成度得到提升，保证了学校高质量发展内涵指标的超额完成。例如，在2019和2020年度江苏省综合考核中，学校连续两年位列全省同类高职院校第一等次。主要成效有以下几点：

成效一：决策更精准。通过诊改，学校增强了用数据说话、用数据决策的意识。学校充分依托校本数据中心，从不同维度开展大数据分析，提高决策科学性、精准性，实现从精细管理向精准治理转变。比如，学校将"十四五"发展规划目标任务分解到年度，更加注重目标数据化，同时考虑年度经费预算，提高了规划的可执行性。

成效二：过程更可控。学校将年度工作要点分解为各职能部门年度目标任务，再由职能部门向各二级学院（部）下达年度目标任务，明确考核要素、考核标准和工作要求，形成环环相扣的目标链和标准链。任务分解部门和二级学院（部）按月实施监测预警，实现多点监测，实时在全校范围公布工作进程；将任务与内控体系建设相结合，实现指标可测、数据可视、过程可控。

成效三：成果更显著。具体表现在五个方面。一是学校综合实力不断增强。学校在各类全国高职院校排行榜中位次持续上升，连续三年入选"全国高职院校国际影响力50强"，连续两年获批省级工程研究中心，博士学位教师数位居全省第八，学生技能大赛成绩连续两年位居全省第四。二是专业课程竞争力不断增强。2个专业群入选江苏省高水平立项建设专业群，学校新增1个国家级教学资源库、2门国家精品在线开放课程和1个江苏省产教融合集成平台，11个项目获教育部创新发展行动计划认定。三是教师能力水平显著提升。国家自然科学基金项目实现突破，2020年度获批江苏省科技副总项目数列全省高职院校第一，2020年度发明专利授权数位列全国高职院校第九、全省高职院校第三，发表核心期刊论文数位居全省高职院校前列，年社会培训收入较三年前翻了一番。四是学生素质技能显著成长。诊改试点以来，学生课堂出勤率保持在93%以上、处分率低于0.3%，学生工作零事故，学生学习目标更明确，学风得到持续改善，学生素养不断提高。学生参加技能大赛获国家级一等奖3项，在第十二届"挑战杯"中国大学生创业计划竞赛全国总决赛中实现金奖突破，获中国"互联网+"大学生创新创业大赛金奖4项。学校是全国唯一蝉联三届中国"互联网+"大学生创新创业大赛金奖的高职院校。五是学校信息化水平不断提升。学校建成了"一中心四平台"等支撑诊改运行的信息化平台，实现了多主题数据分析与应用，提升了信息化建设和治理水平，被认定为江苏省智慧校园单位。

七、诊改试点工作特色

学校诊改试点工作形成了三个特色。一是诊改工作与日常工作深度融合。学校将工作任务作为年度工作考核指标，不断完善考核制度，提高目标、标准精准度，确保年度目标达成。二是教师层面诊改结合职称评聘和岗位聘任考核标准。学校将聘期任务作为发展目标、标准底线，实现人人有计划、个个有目标，提高了诊改的可操作性，提高了个人目标达成度，激发了内生动力，促进了教师专业发展。三是建立了专业—专业群诊改联动机制。学校以江苏省高水平专业群建设为契机，在全校各专业诊改的基础上，开展专业群诊改，并实现全覆盖，促进专业群建设目标达成度和各专业均衡发展。

3.2.2 专业层面诊改实践

下面以扬州工职院智能建造省级高水平专业群核心专业——建筑工程技术专业为例做专业层面诊改实践介绍。

该专业设立于1981年（原为核工业部属扬州建筑工程学校的工业与民用建筑专业），2007年被评为校级重点建设专业，2009年被列为校级教改试点专业，2011年被确立为省级示范性院校重点建设专业，2012年被评为省级重点建设专业群的核心专业。学校以建筑工程技术专业为核心，带动建筑工程技术专业群成为江苏省"十二五"重点建设专业群。建筑工程技术专业是国家现代学徒制试点专业、建筑信息模型（BIM）国家"1+X"技能等级证书考取专业。

该专业依托核电建筑产业和地方建筑行业，推进产教深度融合，形成了"多平台、深层次"校企协同育人机制，构建了校企双主体的"223"工学交替式人才培养方式。将校企融合下的专业文化精髓贯穿于人才培养全过程，增强了学生的专业认同感、企业认同感，有效提升了学生的职业素养。

一、专业基础

(一) 专业发展历程

建筑工程技术专业于 2004 年开始招收三年制高职生；先后获批江苏省高等职业教育高水平骨干专业、国家现代学徒制试点专业、教育部创新发展行动计划骨干专业。

(二) 专业基础

这里对 2019 年建筑工程技术专业基本情况进行介绍。该专业在校生有 603 人，毕业生年终就业率为 99.07%。该专业建成江苏省产教融合实训平台，获批江苏省高等职业教育产教融合集成平台。有在建江苏省在线开放课程 1 门，获批国家规划教材和省重点教材 3 部。该专业有专职教师 29 名，其中教授 4 名，博士 7 名；教师主持在研国家自然基金项目 1 项；当年横向项目到账经费有 150.9 万元；该专业学生曾获 2019 年全国职业院校技能大赛"建筑工程识图"赛项一等奖，2019 年江苏省高等职业院校技能大赛"建筑工程识图"赛项一等奖、第五届中国"互联网+"大学生创新创业大赛银奖。

二、诊改方案

专业诊改按照"事前设定目标标准、事中进行监测预警、事后开展诊断改进"的诊改思路进行，以"8"字形螺旋为基本单元，以三年为诊改周期。

(一) 事前设定目标标准

根据学校专项建设规划，《建筑工程学院发展规划（2019—2023）》提出将建筑工程技术专业建设成国内一流的高水平专业，制定专业建设的目标标准，按三年建设周期分解年度建设任务。

(二) 事中进行监测预警

学院组织实施专业诊改，依托专业诊改平台，在年中学期末对未完成的诊断点进行预警，分析原因并提出改进措施。

(三) 事后开展诊断改进

学院形成年度诊改报告，并对完成情况进行诊断分析，调整并优化下一个年度的建设任务，实现专业诊改质量螺旋式提升（图 3-13）。

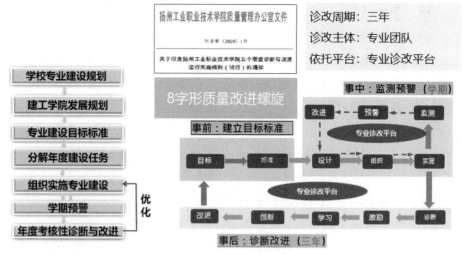

图 3-13　专业诊改思路图

三、诊改运行

（一）事前设定目标标准

学校专业建设专项规划提出重点建设 1~2 个国内标杆专业，作为省级高水平专业群核心专业。《建筑工程学院发展规划（2019—2023）》提出将建筑工程技术专业建设成国内一流的高水平专业，制定专业建设方案，对标国家"双高"专业建设标准和学校高水平专业建设实施方案，将建筑工程技术专业打造成全国标杆专业。（图 3-14）

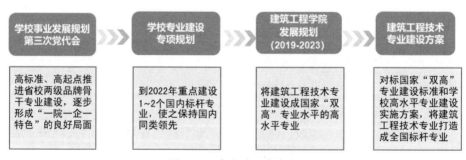

图 3-14　专业建设方案图

学院实施横向对标找差，将建筑工程技术专业与江苏建筑职业技术学院、浙江建设职业技术学院、四川建筑职业技术学院三所"双高"院校的建筑工程技术专业的师资队伍、教学资源建设等五个内涵指标进行对比分析，发现该专业在师资队伍、教学资源建设、教学成果方面与上述三所院校的相应专业存在较大差距，如图3-15所示。

学校核心指标		扬州工业职业技术学院	江苏建筑职业技术学院	浙江建设职业技术学院	四川建筑职业技术学院
专业品牌	品牌名称	省骨干专业	双高院校、国家重点专业	双高院校、国家重点专业	双高院校、高水平专业
师资队伍	教授、博士数	3人、5人	11人、13人	6人、10人	6人、10人
	教学名师	省级1人（行业）	国家级1人、省级1人	省级2人	省级4人
	教科研团队	省级1个	省级1个	国家级1个、省级1个	国家级2个
教学资源建设	省级以上实训基地	省级2个	国家级1个、省级2个	国家级1个、省级2个	国家级1个、省级1个
	在线开放课程	省级1门	国家级1门、省级13门	国家级1门、省级2门	国家级17门
	省级以上资源库	无	国家级1个	国家级2个	国家级1个
	生均设备	1.14万元	1.62万元	1.60万元	1.23万元
教学成果	国家级教学成果	0	4项	1项	2项
	省级教学成果	6项	14项	6项	13项
技术技能积累	省级科研项目	4项	5项	5项	3项
	授权专利	45项	40项	62项	51项
技能竞赛	学生获奖	国家级2项、省级12项	国家级3项、省级3项	国家级2项、省级2项	国家级1项、省级2项

图3-15 专业横向对比

在分析差距的技术上，学院对建筑工程技术专业进行SWOT分析。① 优势（S）：服务核电特色明显，智能建造建设起步早，建设进度快。② 劣势（W）：缺少省级以上教学名师、教学团队；缺少省级以上在线课程、资源库。③ 机会（O）：建筑产业转型升级为专业发展提供机遇；专业发展契合"一带一路"发展战略。④ 威胁（T）：师资力量尚不能完全适应建筑新技术发展速度；建筑产业转型升级，新技术更新速度快，对人才培养提出新的挑战。

经过SWOT分析，学院从专业发展的优势和劣势出发，结合发展机会和面临的威胁制定相应的发展措施，确定专业建设标准（图3-16）。

建设项目	建设项目	建设标准	建设项目	建设标准
人才培养模式创新	1.全国职业... 2.全国职业... 3.创新创业... 4.新增1+... 5.新建产... 6."1+X"...		教学改革与资源建设	1.专业课程教学学生满意度94% 2.国家级规划教材2部 3.校规划教材6部 4.校规划课程12门 5.高质量就业率达30%
	技术技能创新与社会服务	1.发表核心论文13篇 2.新增市厅级以上科研课题6项 3.新增授权发明专利9项 4.新增省级工程技术中心1个 5.新增紧密型合作企业3个 6.新建校外实践基地3个 7.科技成果转换数量2项 8.年科研成果转化收入50万元 9.年科研经费到账200万元 10.组织继续教育培训每年600人次 11.继续教育年收入20万元		
国际交流与合作	1.双语教学... 2.国际合... 3.国际留...		教师教学创新团队	1.入选省级以上高层次人才项目3个 2.引进博士等高层次人才9人 3.教师参加访问工程师项目或企业实践锻炼的数量9人 4.教师教学能力比赛省级获奖3个 5.聘请产业教授数2个

图3-16 专业建设标准

学院还制定了三年专业建设标准，确定了人才培养模式创新、国际交流与合作等 5 个建设项目，细化了 28 个专业建设标准，形成了 2020 年、2021 年、2022 年三年年度建设任务（包含人才培养模式创新、国际交流与合作等 5 个诊断要素，共 28 个诊断点，见图 3-17）。

序号	建设任务	年度建设任务		
		2020年	2021年	2022年
1	人才培养模式创新	全国职业院校技能竞赛国赛获奖数量1项	全国职业院校技能竞赛国赛获奖数量1项	全国职业院校技能竞赛国赛获奖数量1项
		全国职业院校技能竞赛省赛获奖数量2项	全国职业院校技能竞赛省赛获奖数量2项	全国职业院校技能竞赛省级获奖数量3项
		形成5个诊断要素，28个诊断点		
		新增"1+X"证书试点项目数量1个	0	新增"1+X"证书试点项目数量1个
		新建产业学院数量1个	0	0
		"1+X"证书培训与考核400人次	"1+X"证书培训考核400人次	"1+X"证书培训考核400人次
2	国际交流与合作	双语教学教师比例达15%	双语教学教师比例达15%	双语教学教师比例达15%
		国际合作项目1项	国际合作项目1项	国际合作项目1项
		国际留学生招生20人	国际留学生招生20人	国际留学生招生20人

图 3-17　专业建设年度任务分解

（二）事中进行监测预警

学院依托学校专业诊改平台，对 28 个诊断点进行学期预警、年度考核性诊断与改进的专业诊改。比如，2020 年上半年学期监测预警情况：对 28 个诊断点进行诊断，对其中进度缓慢的 5 个诊断点发出预警，如图 3-18 所示。

序号	大类名称	指标名称	规划值	实际值
1	人才培养模式创新	全国职业院校技能竞赛国赛获奖数量	1	0
2		全国职业院校技能竞赛省赛获奖数量	2	3
3		创新创业大赛获奖数量	1	1
4		新增"1+X"证书试点项目数量	1	2
5		新建产业学院	1	1
6		组织"1+X"证书培训与考核	400	594
7	国际交流与合作	具有双语教学能力的教师比例	15	20.7
……				
27	教师教学创新	教师教学能力比赛获奖数量	1	0
28	团队	聘请产业教授数量	1	1

2020 年上半年学期监测预警：28 个诊断点中有5个诊断点发出预警

图 3-18　监测预警

学院对每一个预警点均要进行原因分析，提出改进措施，比如，2020年部分监测预警信息如表3-6所示。

表3-6 监测预警信息表

序号	预警信息	原因分析	改进措施
1	未能取得全国职业院校技能竞赛国赛奖项	2020年全国职业院校技能竞赛延期	下一步通过调整、完善竞赛训练方案，加大返校后的训练力度
2	科研成果转化仍有空缺	团队教师的实践能力弱，科研成果数量偏少；成果质量不高，与当前企业技术需求存在差距	组建校企混编团队，增强教师实践能力；教师深度参与企业项目，联合申报专利、工法等成果
3	开展教育培训人次偏少	疫情导致继续教育无法在校内开展，缺少应对举措	维护好原有继续教育培训合作企业，做好培训计划；积极拓宽服务渠道，增加培训类型；做好线上培训预案
4	国家规划教材建设进度偏慢	督促检查力度不够，校企资源收集不够，配套立体化资源建设缓慢，教师投入教材建设精力不够	制定教材建设促进方案，联系合作企业专家共同收集整理教学资源，鼓励教师建设立体化教材资源
5	省级教学能力大赛准备不充分	教师教学能力大赛准备经验不足；"三教"改革推进力度不够；教师投入教学改革精力不足，教学设计材料不完善	邀请专家开展"三教"改革培训，对教师参加教学能力大赛进行辅导；建立激励机制，组织教师充分利用暑期进行教学设计研究

（三）事后开展诊断改进

学院对年度诊断情况进行分析，形成专业建设诊改报告，比如，2020年度诊改报告如图3-19所示。

建筑工程技术专业建设诊改报告

基本信息

专业名称：建筑工程技术　　专业代码：540301

负责人：×××　　　　　　报告日期：2021-06-04

诊改描述

1. 存在问题：高水平教学成果缺少，如省级以上教学成果奖、教学名师、教学资源库和教科研团队；省级以上在线课程较少，国家级在线开放课程尚处于空白状态；高水平教学技能大赛、学生技能大赛成果较少，2020年技能大赛最高奖为省级二等奖；技能培训资料还需要完善，职业培训到账经费较少，未完成任务。

2. 原因分析：缺少高水平的领军人才、教科研团队，高质量的教学成果沉淀不够，申报经验不足；之前在线开放课程建设力度不够，2020年学院已开始重视，已有10门在线课程立项；教师、学生参加技能大赛缺少对外交流，关起来单打独斗的现象较为明显，导致高质量的教学、学生技能大赛成果较少；2020年疫情对学院职业培训影响较大，之前合作企业无法进校开展培训。

3. 改进措施：制订计划，快速扩大师资队伍规模，优化结构；科学引进高层次人才、行业领军人才和教学名师，打造名师引领的高水平师资团队；加强课程建设和教学改革，重点建设高水平的课程和教材；加强与建筑行业龙头企业深度合作，提高行业影响力；加强技能大赛对外交流，多调研，多与国内领先水平的院校学习，多请有影响力的专家进校进行指导；加大教师培训力度，提高教师业务水平和实践能力。

二、诊改已完成目标统计表

序号	大类名称	指标名称	规划值	实际值
1	人才培养模式创新	全国职业院校技能竞赛省赛获奖数量	2个	3个
2	人才培养模式创新	创新创业大赛获奖数量	1个	1个
3	人才培养模式创新	新增"1+X"证书试点项目数量	1个	2个
4	人才培养模式创新	新建产业学院数量	1个	1个
……				

三、诊改未完成目标统计表

序号	大类名称	指标名称	规划值	实际值
1	人才培养模式创新	全国职业院校技能竞赛国赛获奖数量	1个	0个
2	技术技能创新与社会服务	科研成果转化收入	50万元	2.8万元

图 3-19　年度诊改报告

这里还是以2020年为例。学院分析诊改报告后，明确了诊断点完成情况，对2020年5个诊断要素的完成情况进行分析，其中教学改革与资源建设、教师教学创新团队、国际交流与合作3个诊断要素全部完成任务，人才培养模式创新、技术技能创新与社会服务两个诊断要素没有完成任务。具体来说，年度诊断点28个中，有26个达到目标，目标完成率为92.9%。未达到目标的诊断点有科研成果转化收入、学生技能竞赛国赛获奖。学院对未完成的任务及时查找原因并制定诊改措施，努力提升下个年度的任务完成度。（表3-7）

表 3-7 诊改问题分析

序号	存在问题	原因分析	改进措施
1	科研成果转化收入未完成	成果质量不高，与当前企业技术需求存在差距；团队教师的实践能力弱，科研成果偏少	教师深度参与企业项目，联合申报专利、工法等成果；组建校企混编团队，提升教师实践能力
2	学生技能竞赛国赛获奖未完成	技能竞赛指导团队重视程度不够，对大赛规则研究不透彻；技能竞赛训练方案不合理，人员选拔机制不健全	优化技能竞赛人员选拔机制，组建结构合理的教师、学生梯队，循环递进进行训练；细化、完善技能竞赛训练方案，加大训练力度；强化竞赛激励、保障机制

四、诊改成效

开展专业诊改促进了专业建设的精准建设和高效完成。专业建设显性成果突出主要体现在以下几点：

一是专业建设主体意识增强，激发主体内生动力。本专业教师数据意识逐渐增强。参与教师逐渐树立了"人人是数据生成单元，人人是数据产生者，人人做数据使用者"的意识，增强了责任意识和主体意识。

二是及时发出预警，采取改进措施，目标完成率显著提高。以 2020 年为例，在学期监测预警中，5 个诊断点发出预警。学院为各个预警点分析原因，提出针对性改进措施，促成了 3 个诊断点目标的顺利达成，提高了目标达成率。

三是专业建设显性成果突出。首先，专业品牌优势凸显，2020 年建筑工程技术专业群获批江苏省高等职业教育高水平专业群，获批省级人才项目 2 项；其次，教学成果突破建筑工程学院历史水平，2020 年有教师荣获江苏省职业院校教学大赛二等奖，实现了建筑工程学院该项成果新突破；再次，该专业获评国家"十三五"规划教材 2 部、江苏省重点教材 1 部，超额完成任务。

五、存在的问题与改进措施

在开展专业诊改过程中，学院提升了专业建设水平，同时针对诊改过程中存在的问题进行分析，及时提出改进措施：

一是每位团队教师的诊改意识还不够强，今后学院需要加强对团队教师的诊改宣传和培训；优化诊改机制，确保每位教师的深入参与。

二是诊断点的设置不尽合理，学院应在一个诊改周期，对标国家"双高"专业建设标准和学校高水平专业建设实施方案，优化SWOT分析结果，进一步分析优化诊断点；建立分级督查机制，推进质量诊改进度，提升专业诊改成效。

3.2.3　课程层面诊改实践

下面以"建筑工程计量与计价"课程诊改运行为例。

一、基本情况

"建筑工程计量与计价"课程是建筑工程技术专业开设的专业核心课程，是以工程项目为载体，基于工作任务的专业模块课。通过该课程的学习，学生能够了解建筑工程造价的基本知识，熟悉建筑工程造价的构成及计算依据，具备用手工和计算机确定建筑工程造价的双重能力。

该课程以"建筑识图与构造""建筑结构与识图"等课程为基础，同时又是"计量与计价实训"等课程的先修课程，在专业课程体系中处于承前启后的重要位置。对应工作岗位主要面向造价员、施工员、BIM建模员等岗位群。该课程具有一定的建设基础，主要表现在以下几个方面：

一是课程建设方面，本课程于2004年开课，经过近20年的建设，已经积累了丰富的教学资源。

二是教材建设方面，课程教师团队紧跟规范和行业发展，与时俱进，不断推进教材建设，编写了高水平教材。

三是课程团队方面，学院与紧密型校企合作企业混编教师队伍，使得该专业已经拥有一支专兼结合的"双师型"教学团队。

四是实训条件方面，学院建成工程造价实训室和BIM实训室，拥有课程所需的云计价平台及土建计量平台。这些平台主要服务于专业教学、技能训练、技能大赛等实践环节。

二、诊改思路

课程诊改分课程建设和课程教学两个方面，建立了"8"字形螺旋。课程建设诊改以立项年限为诊改周期，按季度监测预警，对标找差，持续改进，如图3-20所示。课程教学诊改以学期为诊改周期，按模块单元教学时长监测预警，持续改进，如图3-21所示。

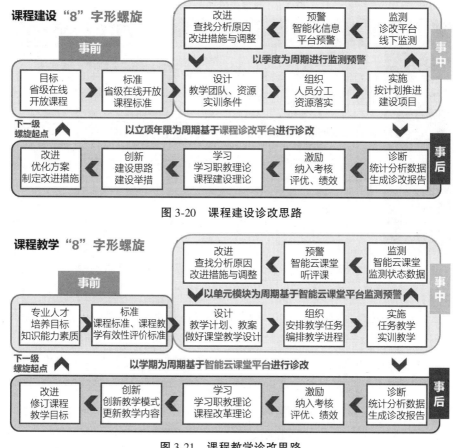

图 3-20　课程建设诊改思路

图 3-21　课程教学诊改思路

三、诊改实施

（一）课程建设诊改

首先，事前设定目标标准。该课程是建筑工程技术专业的核心课程。根据建筑工程技术专业建设国家高水平专业的要求，结合该课程已有基础，学院制定了课程建设的目标：建成省级在线开放课程。

学院根据《江苏省在线开放课程建设技术规范》《"十三五"江苏省高等学校在线开放课程建设实施方案》，以及学校精品在线课程验收及年度审核标准等设置课程建设的监测诊断指标。

为了确保目标任务按时保质保量地完成，学院将任务进行细分量化，以三年为一周期，制定科学合理的年度建设目标。课程建设一共有5项诊断内容、12个诊断点（表3-8）。

表 3-8　课程建设任务分解表

诊断内容	诊断点	建设标准	2020年建设任务	2021年建设任务	2022年建设任务
课程文件修订	制定课程标准，并适时完善	课程标准	1		
教材建设	校本教材建设，并积极申报省级重点教材	国家规划教材		1	
	在资源库建设的基础上积极开展富媒体教材建设，形成1本富媒体数字化教材	富媒体教材			1
课程资源建设	微课资源建设	45个	38个	7个	
	视频资源建设	15个	10个	5个	
	动画资源建设	2个		2个	
	图片资源建设	100个	40个	60个	
	其他资源建设	50个	40个	10个	
教学改革	开展教学改革研究	1个		1个	
	积极参加各级各类信息化竞赛	1项	1项		
校企合作	企业参与课程建设（项目）	5个	1个	2个	2个
	真任务、真项目、真案例	4个		2个	2个

其次，事中进行监测预警。课程团队组织实施课程日常教学、课程团队建设、课程资源建设和教学模式改革。利用信息化教学数据采集平台，对照课程建设质量控制点规划值，对课程建设过程进行全面监测，并对监测结果进行预警。通过专业自主诊改、学院复查、学校抽查，组织实施课程诊改。

以2019年第四季度为例，课程团队监测发现，立项教改课题尚未完成，而主要原因在于课题需课程实践数据支撑与论证。后期课程团队通过及时整理课程实践数据并形成成果做了改进。课程团队还发现，课赛融通方面未设定目标，决定在下一年度增设这一指标。（图3-22）

图 3-22　监测预警信息

再次，事后开展诊断改进。以 2020 年度为例，根据课程建设年度考核性诊改报告，课程建设一共有 12 个诊断点，该年度已达到年初设定的 8 项课程建设诊断点目标，如图 3-23 所示。

| 事后 | 诊断改进 | 课程建设年度考核性诊改报告 |

建筑工程计量与计价 A*诊改报告（2020 年度）
基本信息
课程名称：建筑工程计量与计价 A*　课程代码：4243534
负责人：XX
诊改描述
1. 存在问题
本年度虽已完成年初设定的各项建设任务，但部分目标任务要求偏低，数量偏少。
2. 原因分析
课程建设目标制定得不够精准、全面，课赛融通缺少系统思考。
3. 改进措施
根据上一年度完成情况，下一年度将提高建设标准，加快在线开放课程建设，丰富数字化资源，收集施工现场照片、视频、工程教案，制作动画、微课，丰富在线题库。

诊改已完成目标统计表

序号	大类名称	指标名称	规划值	实际值
1	课程文件修订	制定课程标准	1 个	1 个
2	教材建设	新形态立体化教材	1 项	1 项
3	教材建设	规划教材建设	1 本	1 本
4	课程资源建设	视频及动画资源建设	38 项	38 项
5	课程资源建设	文本资源建设	40 项	40 项
6	教学改革	教学方法手段改革	1 个	1 个
7	课证赛融通	课证融通	1 个	1 个
8	校企合作	企业参与课程建设	1 个	1 个

图 3-23　年度诊改报告

经过分析，课程团队认为，4 个诊断点任务未完成的主要原因是年初未设定目标，下一年度将在教学评价改革、教学内容改革、课赛融通以及校企合作方面增设指标，提高建设标准。

（二）课程教学诊改

首先，事前设定目标标准。根据本课程课程标准及课堂教学有效性评价标准，课程团队建立了课程教学目标与标准，一共设定了 3 项诊断内容、13 个诊断点，如图 3-24 所示。

其次，事中进行监测预警。课程团队根据课程教学目标进行课前、课中、课后的教学设计与组织。课前学生可登录智能云课堂，查看课程的教学资源，提前预习，提高听课效率。课中、课后学生可登录智能云课堂，完成活动或作业练习。

诊断内容	诊断点	目标值
课程资料	授课计划	有
	教案	有
课堂教学	学生出勤率	95%
	课前活动参与率	95%
	课中活动参与率	3次
	课后活动参与率	95%
	课程备课率	100%
	教学反思	50条
教学效果	学生成绩及格率	80%
	学生成绩优秀率	20%
	平均分	70
	督导评价	90
	学生课堂满意度	90

图 3-24 课程教学目标与标准

课程团队利用智能云课堂平台，对学生出勤率，课前、课中、课后活动情况进行监测，如图 3-25 所示，并对学生活动及作业完成质量情况进行预警。通过质量管理平台，对课程教学情况进行监测预警。

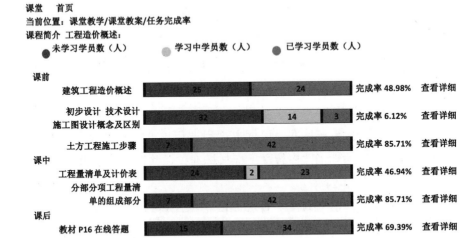

图 3-25 教学信息监测预警

根据监测数据，课程团队发现学生出勤率未达标。通过查找原因，发现智能云课堂平台中休学学生名单未删除。之后及时删除了未在册学生名单（图 3-26）。

序号	指标名称	规划值	达成值
1	授课计划	100	100
2	教案	100	100
3	学生出勤率	95	91.2
4	课前活动	95	30.6
5	课中活动	3	38.6
6	课后活动	95	5.5
7	课程备课	100	100
8	教学反思	95	100
9	学生成绩及格率80%以上	80	95
10	学生成绩优秀率20%以上	20	11
11	平均分	70	76.3
12	督导评价	90	95

事后 → 诊断改进

存在问题：学生出勤率未达到预期。

原因分析：云课堂中休学学生名单未删除。

改进措施：及时删除未在册学生名单。

图 3-26 监测预警处理

再次，事后开展诊断改进。根据课程教学诊改报告，课程教学诊改一共有 13 个诊断点，已达成 9 项课程教学诊断点目标（图 3-27）。课程团队针对存在的问题，分析原因，提出改进措施。

事后 → 诊断改进

建筑工程计量与计价 A*诊改报告

基本信息
课程名称：建筑工程计量与计价 A*　　课程代码：5405022C04
授课教师：× ×　　报告日期：2021-06-06

诊断描述
1. 存在问题
出勤率 91.2%，未达到 95%，同时部分学生上课迟到、未计入出勤名单；课前、课后活动参与率较低；课中活动参与率偏低，优秀率未达到 20%。

2. 原因分析
班级有 3 位学生已入伍或休学，实际出勤率已达目标值，部分学生上课迟到、在点名时未到，没有修改或更改相关信息，个别学生有多种理由请假未来上课；同时本课程有相应的作业都在 MOOC 平台完成，造成基于课程平台的课前预习和课后作业完成率较低；课中活动参与率偏低，部分学生学习积极性不高，优秀率未达到 20%。

3. 改进措施
课前删除已休学学生名单，加强课堂管理，对迟到学生加强教育，并修改他们的出勤信息；将在线开放课程上的学习数据与云课堂数据互相融合，加强教学研究、教研室集体备课研讨，针对当前学生特点，开展提升学生课堂活动参与率方法的研讨，通过组织技能竞赛，激发学生的学习兴趣，提升学生的学习积极性。

课程教学诊改报告

诊改已完成目标统计表

序号	大类名称	指标名称	规划值	实际值
1	课程资料	授课计划	100	100
2	课程资料	教案	100	100
3	课堂教学	课中活动参与率	3	38.6
4	课堂教学	课程备课率	100	100
5	课堂教学	教学反思	95	100
6	教学效果	学生成绩及及格率在80%以上	80	95
7	教学效果	平均分	70	76.3
8	教学效果	督导评价	90	95
9	教学效果	学生课堂满意度	90	99.59

诊改未完成目标统计表

序号	大类名称	指标名称	规划值	实际值
1	课堂教学	学生出勤率	95	91.2
2		课前活动参与率	95	30.6
3		课后活动参与率	95	5.5
4	教学效果	学生成绩的优秀率20%以上	20	11

图 3-27 课程教学诊改报告

针对诊改报告上未达成的目标，如出勤率，课程团队发现班级有 3 名学生已入伍或休学，实际出勤率已达目标值。本门课程相应课前活动及课后作业在在线开放课程平台上完成，造成该课程的相关数据较低，但实际参与率已达标。针对课中活动参与率低，学生参与活动积极性不高的问题，课程团队通过加强教学研究，教研室集体备课研讨，针对当前学生特点，丰富活动形式，提升学生课堂活动参与率。课程团队还通过组织技能竞赛，激发学生的学习兴趣，改进评价方式等，从而提高优秀率。

四、诊改成效

（一）课程建设诊改

课程建设诊改成效体现在以下几个方面：

一是课程资源建设目标全面达成，出版的教材 2020 年入选"十三五"职业教育国家规划教材。2020 年一部"十三五"江苏省重点教材立项，校精品在线课程通过验收。

二是课程改革有力推进。2019 年立项的实训教学改革课题完成，为实训教学改革提供了理论支撑。

三是课程教学条件明显改善，课程团队在新建成的实训室完成了视频的录制，参加教学能力大赛获得校级二等奖。

（二）课程教学诊改

课程教学诊改成效体现在以下几个方面：

一是积累了大量教学资源。在诊改过程中课程团队积累了大量的教学图片、动画、BIM 模型、微课视频等，有利于学生理解课程内容，有效提高了课程教学质量。

二是学生参与率和满意度提高。通过教学诊改，学生养成了课前预习、课后复习的习惯，因此，其课堂活动参与率和课堂教学满意度都有所提高。

3.2.4 教师层面诊改实践

一、诊改基础

截至 2018 年年底，学校共有专任教师 427 名，其中正高级职称教师 25 名，副高级职称教师 132 名，中级职称教师 171 名。学校拥有江苏省"333

工程"人才 7 名、江苏省高校"青蓝工程"优秀中青年学术带头人 7 名、优秀中青年骨干教师 17 名、优秀教学团队 3 个、行业教学名师 2 名、江苏省科技创新团队 1 个。

师资队伍方面还存在以下不足：一是专任教师的数量不足，师资队伍结构不尽合理；二是省级及以上教学名师、优秀教学团队缺乏；三是教师个人的诊改意识和质量意识有待加强；四是基于"互联网+"的教师发展信息化平台缺失。

二、"两链"打造

（一）目标链打造

目标：建成一支满足学校事业发展的结构合理、能力强、水平高的师资队伍。

依据第三次党代会目标任务和"十三五"事业发展规划，学校从数量、结构和水平三个方面明确了师资队伍建设目标：在数量上，到"十三五"末，专任教师人数增加至 450 人左右，博士学位教师人数增加至 80 人。在结构上，专任教师高级职称比例达到 35% 以上，其中教授比例达到 8% 以上。在水平上，培养造就一批教育观念新、改革意识强、综合素质优的高水平教学名师和优秀教学科研团队。

二级学院（部）依据学校规划制订学院和专业的发展规划，确定师资队伍建设目标；同时，根据学校年度党政工作要点，将年度目标任务向下分解到教研室和教师个人。

教师个人依据教师分类发展标准、学院发展规划和专业建设方案中的师资队伍建设要求，以岗位聘期目标任务为基本要求，结合自身能力与优势，制订个人发展规划，最终形成上下衔接、左右呼应的目标链。

（二）标准链打造

学校进一步深化人事制度改革，以不同类别、不同发展阶段教师发展需求为核心，构建教师分类发展标准；以服务教师职业生涯规划为核心，构建教师发展激励标准；以岗位分类分级管理为核心，构建教师岗位工作标准。（图 3-28）

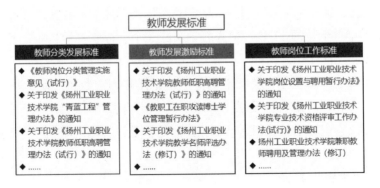

图 3-28 教师发展标准

依据师资队伍建设发展规划，学校设定教学为主型、科研为主型和教学科研并重型三种类型，从课程建设、课程教学、科研与社会服务、教育管理四个维度，制定十个级别教师发展标准，如图 3-29 所示。

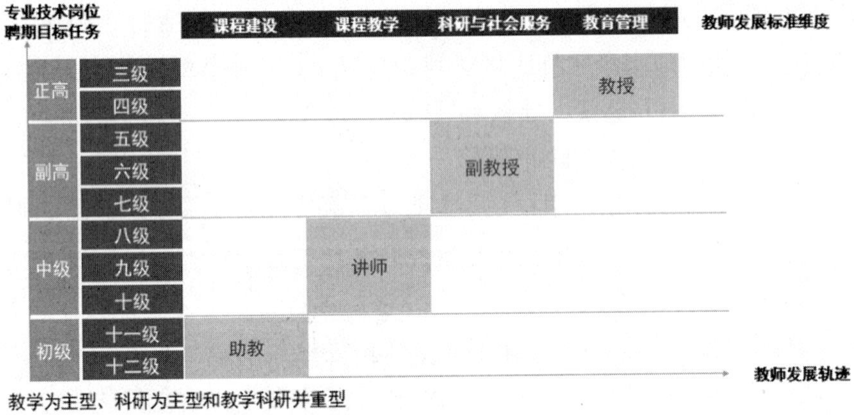

图 3-29 教师发展标准维度

三、螺旋运行

（一）事前设定目标标准

教师依据教育教学与科研工作量考核要求、聘期考核任务、专业发展规划，结合自身实际，科学制订未来三年发展规划，明确自身发展目标，并分解到具体年度。个人发展目标分成以下三个部分：全校指标是与教师个人所聘任岗位有关的，学校要求完成的聘期任务；二级学院指标是教师所在二级学院（部）结合本学院（部）工作需要，分解到每个岗位类别、每名教师的聘期任务；聘期个人工作目标是教师结合自身发展，在学校岗位聘期任务和二级学院（部）聘期任务基础上，自定的额外目标。（图 3-30 所示）

一、全校指标（按学校相关要求进行选择）

指标	指标二级分类	指标名称	2019	2020	2021
科研类任务	科研类任务	完成发表核心期刊以上科研论文 1 篇以上，或出版专著 1 部；或发表 1 篇教学研究与实践的论文（北大中文核心期刊）	☑	☑	☐
		获得授权发明专利并转化 1 项	☐	☐	☐
		获得市（厅）级以上科研成果奖励	☐	☐	☐
社会服务类	社会服务类	主要参与（前3）省级校验项目 1 项，或主要参与（前3）省级教研科研平台、教研科研团队等建设 1 项；或主持市（厅）级项目 1 项；或主持横向项目到账经费 10 万元以上	☐	☑	☑
教学类任务	课程教学类	完成规定工作量课程学期教学质量评价良好以上不少于 2 次	☑	☑	☐
	课程建设类	作为主要完成人（前3）完成 1 项省级教学质量建设或研究项目（品牌骨干专业建设、课程建设、教材建设、实训基地建设、教改课题、教育规划课题等）；或本人参与获得 1 项省级以上表彰（教学成果奖、人才工程项目、教学名师、教学团队、职业院校技能竞赛、教学能力大赛、优秀毕业设计等）	☐	☑	☑
教辅类任务	教辅综合类	至少指导 1 名青年教师并通过验收	☐	☑	☑

二、二级学院指标（按各二级单位相关要求进行选择）

指标	指标二级分类	指标名称	2019	2020	2021
管理类任务	教学管理类	指导学生参加职业技能竞赛、"双创"类竞赛；或指导学生申请优秀毕业设计；或本人参加教学能力大赛 1 项	☐	☑	☑
科研类任务	科研类任务	申请发明专利 3 项	☑	☑	☑
教学类任务	课程建设类	主要参加（前2）申报省部级科研项目 1 项；或省、市、厅级项目 2 项；或主持申报并负责学院新专业（含专业方向）1 项；或主持联系并建成紧密合作型企业 1 个；或为学院联系对外培训项目合同金额累计 20 万元以上；或联系并引进高层次人才 1 人及以上；或承建学院负责片区的招生生源校当年报到人数达 30 人以上	☑	☑	☑

三、聘期个人工作目标

积极完成学校各部门安排的工作，博士毕业。

图 3-30 教师个人发展三年规划

（二）事中进行监测预警

教师依托各人事、教务、科研等有关业务系统，及时录入个人取得的业绩，对于学校现有业务系统无法录入的业绩，通过教师发展服务平台"教职工业绩"填报模块，完成个人业绩申报。相关业务系统管理部门会及时完成审核，如图 3-31 所示。

图 3-31 教职工业绩录入系统

教师个人依托教师发展服务平台，以学期为周期监测预警，针对年度规划目标，对标找差，结合教师发展平台自动绘制个人发展雷达图，自主开展常态监测，及时针对预警信息，分析未达成原因，并制定改进措施，改进工作方法，调整工作重心，确保年度目标任务高质量完成。二级单位针对教师个人填报情况，进行审核，对于不符合要求的项目可以审核为"未完成"，及时对接教师个人进行提醒，如图 3-32 所示。

分析未达成原因：
未能按照目标任务制订具体实施计划。在教学方面认真备课，未能根据学生的学情选择切实可行的教学方法。在课堂上认真教学，未能及时总结分析学生学习情况，采取改进措施。在教学改革方面，积极思考、调研分析还不够，缺少教育教学改革课题，对课程中存在的问题分析研究不够，措施不够有效。在科研方面，需要努力学习专业知识和专业规范，与同行专家学习讨论不够，对专业前沿知识掌握得不够及时，未能积极开展科学研究。在指导学生方面，在指导大学生实践创新项目、学生毕业设计，以及各类技能大赛中还有不足，缺少充足准备，成绩不够理想。

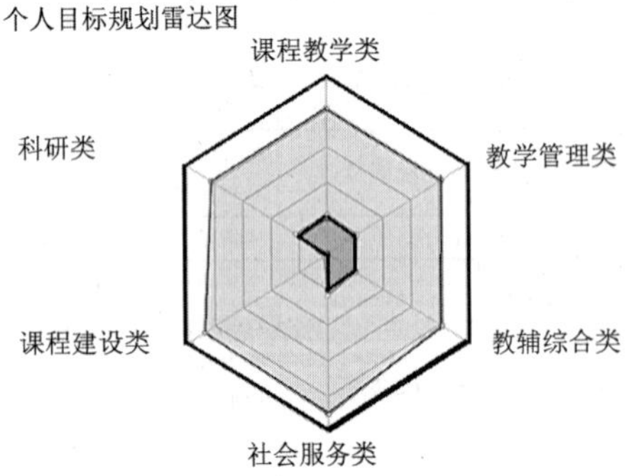

改进措施（或下一步工作计划）：
在计划实施过程中，对照目标任务，制订具体实施计划。在教学方面，认真备课，根据学情选取适合的教学方法，关注学生学习情况，及时分析出现的问题，不断总结改进。在教学改革方面，积极思考，结合个人基础，申报教育教学研究课题，提升自身教学理论水平，同时积极开展课程建设，提升课程建设水平和课程团队建设能力，并在实践中不断完善提升。在科研方面，积极运用自身专业领域知识，申报高级别科研课题，通过科研反哺教学，增强教学效果。在指导学生方面，积极指导学生参加技能竞赛和毕业设计，争取更好的成绩。

图 3-32 教师个人业绩完成情况雷达图及诊改情况

二级单位管理员可以借助平台中的"教职工业绩"模块查看所属教师业绩填报数据统计，实时查看预警分布，并能锁定具体预警数据，通知教师个人进行实时改进。

（三）事后开展诊断改进

教师基于平台对年度目标任务完成情况进行诊断，形成个人年度诊改报告（图 3-33），根据诊断结果，客观分析未完成目标的原因，从内生动力和外部支持等方面提出改进措施和努力方向。当年未完成的目标任务可以纳入下一年度目标任务中。

2020 年度教师发展个人改该报告

姓名：×× 所在单位：建筑工程学院 岗位级别：教师岗五级

发 展 计 划（全校指标）			
主要任务（按学校相关要求进行选择）			
指标	指标二级分类	指标名称	审核状态
科研类任务	科技成果类	获得科研成果奖励	完成
科研类任务	知识产权类	获得授权专利并转换 1 项	完成
科研类任务	论文专著类	完成发表教研科研论文 1 篇，或参与出版专著 1 部以上	完成
科研类任务	科技建设项目类	参与市（厅）级以上教研科研项目 1 项，或参与市（厅）级以上教研科研平台、教研科研团队等建设 1 项，或作为主要成员（前三）完成校级教研科研项目 1 项，或各类项目或者课题到账经费 12 万元以上	完成
教学类任务	课程教学类	完成规定工作量且课程学期教学质量评价良好不少于一次	完成
教学类任务	教学建设项目类	参与完成 1 项校级教学质量建设或研究项目（品牌骨干专业建设、课程建设、教材建设、实训基地建设等），或参与获得 1 项省级表彰（人才工程项目，教学团队核心成员等）	完成
教学类任务	教学建设项目类	参与完成 1 项校级教改项目等	完成
科研类任务	科技建设项目类	主持横向项目到账经费 7 万元以上	完成
教学类任务	课程建设类	作为主要成员（前 3）参与校级以上在线开放课程或校级以上规划教材建设	完成
教学类任务	学生教育教学类	承担学生管理工作	完成
教学任务	学生教育教学类	作为主要成员（前 2）指导校级以上创新创业大赛 1 次，或指导校级大学生创新创业训练计划项目 1 项，或指导校级优秀毕业设计 1 项或校级教学能力大赛 1 次	完成
问题及原因（或努力方向）	学校要求 教学方面已经完成指标：1.完成规定工作量，2019 年 2 次优秀；2.主编省重点教材 1 部，省六大人才；3.指导青年教师 科研方面已经完成指标：1.主持中国高等教育学会职业技术教育分会重点课题 1 项，主要参与（前 3）江苏省住建厅新型夹心墙板课题 1 项；2.发表 SCI 论文 3 篇，中文核心期刊论文 1 篇 学院要求 1.申请发明专利 2 项；2.2019 年主持申报中国高等教育学会职业技术教育分会重点课题 1 项，2019 年主持申报省住建厅项目 1 项；3.指导学生参加全国发明杯并或一等奖，指导学生申报优秀毕业设计 1 项获校级二等奖 已经完成年度规划任务，对照聘期任务书还缺 1 项发明专利（二级学院指标）		
改进措施	加强关于专利申报的理论和学校关于专利的政策学习，积极与扬建集团有限公司、中联世纪集团有限公司联系沟通，深入施工企业现场一线项目部，解决企业问题，对解决企业问题中用到的技术和专业知识进行归纳总结，形成专利和课题申报思路，在此基础上积极申报发明专利 1 项，积极参加教学改革，将企业实践的心得反哺教学，增强学生的专业实践能力		
院部评价	该老师超额完成了年度目标任务，科研成果丰富，教学态度认真，治学严谨，希望在以后的工作中能发挥传帮带作用，带领课程团队成员开展"三教"改革，在教学科研中取得更多成果		

图 3-33 教师个人诊改报告

四、引擎驱动

（一）加强过程管理

按照学校文件要求，教师发展中心牵头，二级学院（部）负责组织，教师具体实施，相关职能部门给予外力支持。2020年，学校共有501名专任教师开展了自我诊断与改进，参与率达95.1%。

学校和二级学院（部）可以通过教师发展服务平台开展过程跟踪管理，实时查看预警分布，锁定具体预警数据，并给予教师外力支持。

（二）完善制度体系

学校全方位建立教师发展激励与考核机制，将教师个人诊断与改进效果应用到职称晋升、年度考核和评优评先中，推动教师不断进行自我诊改、自我激励、自我发展。

开展诊改试点工作以来，学校出台了一系列政策文件，2020年就制定出台了8项人事方面的制度文件，进一步完善了师资队伍建设的制度体系，使教师层面的质量保证体系基本建成。

五、诊改成效

常态化的诊改行动有力地推动了诊改由以外部监管为主向以自我诊改为主的转变。"我要诊改"逐渐成为全体教师的自觉行动，"人人都是质量生成者，人人都是诊改受益者"的诊改氛围越加浓郁。

（一）教师个人内生动力

到2020年年底，学校新增正高级职称教师9名、副高级职称教师13名、博士学位教师37名、省优秀中青年骨干教师4名、行业教学名师2名、优秀教学团队2个。

2020年，教师规划目标数量为2 638项，人均5.3项；2021年，规划目标数量为2 912项，人均5.8项。由此可见，诊改工作已经使教师从被动制订规划向主动自我诊改转变。

（二）高层次人才培育工作取得显著进展

2020年度，学校获批省各类人才项目4人、优秀教学团队1个；申报扬州市"绿扬金凤"计划优秀博士项目的有8人，申报人数创历年新高；新增在读博士8名，在读博士规模达到40人。

（三）教师教学能力进一步增强

2019—2020 年，学校在江苏省职业院校教学能力比赛中，共获得一等奖 1 项、二等奖 7 项、三等奖 11 项。在首届高校体育教师教学技能竞赛中，获一等奖 2 项。

（四）科技创新和服务能力显著增强

2020 年，学校横向科研项目省技术市场备案成交总额达 1 883.68 万元，较 2019 年增长 66.5%；专利授权数为 289 项，同比增长 91%，其中，发明专利 65 项，同比增长 103%，使学校在全省高职院校中由 2019 年的第六名上升至第三名，并跃居全国高职院校第七名。学校获批江苏省科技副总 12 名，名列全省同类院校第一位。

诊改工作的开展激发了教师干事创业的动力，取得了一些成绩，形成了一些创新做法，同时也进一步坚定了努力方向。

六、特色创新方面

一是立足岗位，教师内生发展动力。学校在教师诊改层面实现了个人发展规划与岗位聘期目标任务的有机衔接。学校制定的标准适应教师发展要求，同时随需求的变化和达成的状态不断修正。

二是立足需求，校企共同开发平台。基于学校的岗位聘期考核工作，学校开发了教师发展服务平台，可以自主定义诊断要素，分级审定教师发展规划，全程监控目标任务，使得诊改工作与教师个人发展同向同行。

3.2.5 学生层面诊改实践

学生层面诊改工作是学校内部质量保证体系的重要内容之一。学生层面诊改工作紧紧围绕立德树人根本任务，秉持"厚植文化底蕴，精湛一技之长"育人理念，积极构建"1520X"学生支持服务体系，确定学生个人发展目标、标准，基于"8"字形螺旋诊改方法，着力服务学生德智体美劳全面发展，营造了全员、全过程、全方位育人的良好氛围。

一、基本情况

（一）学生概况

截至 2021 年，学校有 8 个二级学院（部），共 373 个班级。在校学生有 13 532 名，其中，男生 9 133 名，女生 4 399 名，男女生比例接近 2 比 1。少数民族学生有 1 204 名,其中:男生 717 名,女生 487 名;藏族学生有 936 名,占少数民族学生的 77.74%。

(二)学工队伍概况

学校学工队伍主要包括辅导员和班主任。辅导员是学工队伍的重要组成部分,是开展大学生思想政治教育工作的骨干力量。学校高度重视辅导员队伍建设。截至 2021 年,学校有专职辅导员 71 名,其中:男 31 名,女 40 名;具有博士学位(含在读)的辅导员 2 名,具有硕士学位的辅导员 69 名;兼职辅导员 27 名;校外辅导员 14 名,由全国道德模范、劳动模范、模范法官、百美志愿者、中国好人等担任。班主任队伍也是学工队伍的重要组成部分,由热爱学生工作、品德高尚的教师和管理干部担任。学生班主任助理由品学兼优的学生干部担任。学校每个行政班级均配有一名班主任,每个新生班级均配有一名学生班主任助理。

(三)学生层面诊改工作组

学校成立了由分管学生工作校领导任组长、学工处负责人任副组长、各相关职能部门及二级学院(部)负责人为成员的学生层面诊改工作组。学生层面诊改工作组具体负责建立和完善学生发展目标、标准,建设学生支持服务体系,推进学生层面诊改工作等。

(四)学生工作制度建设概况

学校大力推进诊改工作,在全校范围内组织开展规章制度"废改立"。学生工作部(处)根据学校统一部署,对出台的所有规章制度文件进行全面清理,在学生层面共修订完善了奖勤助贷、日常管理、心理健康、公寓管理、学生层面诊改 5 个板块共 71 个文件。文件体系的建立提高了学生诊改工作的科学化、规范化、精细化水平,形成了多方参与、齐抓共管的学生综合素质提升服务体系。

二、总体设计

(一)指导思想

学校深入贯彻习近平新时代中国特色社会主义思想,尤其是习近平总书记关于教育的重要论述,坚持为党育人、为国育才,进一步落实全国教育大会和全国高校思想政治工作会议精神,全面实施教育部《高校思想政治工作质量提升工程实施纲要》,结合学校"十三五"规划和第三次党代会目标任务,以立德树人为根本任务,不断提升育人水平,促进学生德智体美劳全面发展。

(二) 坚持原则

突出以德为先的育人思想。人无德不立，育人的根本在于立德。党的教育方针明确指出，要以立德树人为根本任务，培养德智体美劳全面发展的社会主义建设者和接班人。

强化全员参与的育人责任。学校把促进学生健康成长成才作为一切工作的出发点，将育人工作渗透到知识传授、教育管理、生活服务等各项工作中，落实到全体教职工的职责规范中，营造人人"守好一段渠、种好责任田"的全员育人氛围，努力形成育人工作合力。

健全全程贯通的育人机制。学校把思想价值引领贯穿于教育教学全过程，把提升人才培养质量贯穿于招生、教育教学、就业、职业生涯初期发展全过程，形成全方位育人长效机制。

(三) "1520X" 学生支持服务体系（图3-34）

1条主线：以立德树人为根本任务，服务学生德智体美劳全面发展。

5项素养：厚德有志、知书有礼、手中有技、生活有乐、科创有为。

20项内涵要求：

厚德有志——理想信念、爱国情怀、法纪意识、诚信友善

知书有礼——文学欣赏、艺术鉴赏、传统文化、文明礼仪

手中有技——生涯规划、职业理想、专业认同、职业技能

生活有乐——合格体质、强健体魄、阳光心态、生活技能

科创有为——科学精神、科研素养、创新能力、创业能力

X：若干项载体、活动、项目。

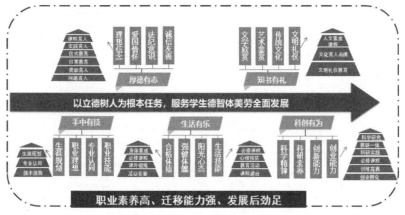

图3-34 "1520X"学生支持服务体系

学生层面诊断要素由厚德有志、知书有礼、手中有技、生活有乐、科创有为 5 项组成。每项诊断要素有 4 个诊断点，每个诊断点又由若干个具体的活动、项目、载体构成。诊断点具体的活动、项目、载体可以根据思想政治教育和学生发展需要进行动态设置。

三、诊改运行

学生层面以学期为诊改周期，按月监测预警。学校按照"事前、事中、事后"的运行流程，以"8"字形螺旋为基本单元，依托学生成长服务平台，指导学生自我监测、自我预警、自我改进，持续提升学生综合素质。

（一）事前设定目标标准

每学期开学第一周内，学生工作部（处）在学生成长服务平台发布学生发展自我诊断量化表。各二级学院（部）组织班主任、辅导员指导学生进行选择。学生依据学生发展目标、标准及自我发展需要，了解自己的优势与不足，分析自身现状，对照学生发展服务平台设置的各种增强自己能力的活动、项目、载体，选择是否参加，从而确定本学期的发展目标，如图 3-35（a）、(b)、(c)、(d) 所示。

扬州工业职业技术学院新学期个人发展目标规划

学号	XXXX	姓名	XXXX	性别	X
学院	艺术设计学院	专业	环境艺术设计	班级	XXX
年级	2019	学年学期	2021-2022 学年-1 学期	规划分值	380

个人发展目标

观测点	单项规划分值	规划内容
厚德有志	104	思想政治理论课，认真上好本学期思政课程
		形势与政策课，每学期参加 1 次
		课程思政，认真上好各门课程，做到德艺双馨
		党团组建（党员发展、教育与管理、党课团课、党团活动），递交入党申请书，入党积极分子培训考核合格
		新生入学教育，大学阶段 1 次；毕业教育，大学阶段 1 次（含开学典礼与毕业典礼）
		班团主题教育，每两周 1 次，每学期 10 次
		"身边榜样，前行力量"先进事迹报告会，每学年参加 1 次
		"扬工说"活动，每学期 1 次
		"红色之旅"活动，每学年 1 次
		学生干部培训，每学期参加 1 次
		升旗仪式，每学期参加 1 次
		新生军训，大学阶段 1 次；国防教育，每学年 1 次
		民族团结进步教育，每学年参加 1 次
		班团主题教育，每两周 1 次，每学期 10 次
		重大纪念活动，国庆节、"七一"党的生日、"五四"青年节、"八一"建军节、中国人民抗日战争胜利纪念日、清明节、烈士纪念日、南京大屠杀难者国家公祭日等纪念日活动 2 次
		中华优秀传统文化教育，每学期参加 1 次讲座
		参观爱国主义教育基地和国防教育基地，每学年参加 1 次
		法律课程与法律知识竞赛，每学期参加 1 次
		学生手册等规章制度学习，每学期 1 次

(a)

观测点	单项规划分值	规划内容
		安全教育与知识竞赛，每学期参加 1 次
		"12·4"国家宪法日活动，每学年参加 1 次
		资助育人与诚信教育，每学期 1 次
		考试诚信教育，每学期 1 次
		班团主题教育，每两周 1 次，参加 10 次
		文明宿舍评选，本学期当选 1 次文明宿舍
		社会实践与志愿服务活动，本学期参加 1 项
		职业生涯规划，撰写 1 份职业生涯规划，修 1 门职业生涯规划课
		就业创业指导，修 1 门就业指导课
		"扬工"青年说，每学期参加 1 次讲座
		专业引导教育，大学阶段参加 1 次专业推介会
		专业文化熏陶，大学阶段参加 1 次专业发展前景讲座
		校友分享课程，参加 1 次校友讲座
手中有技	64	专业见习，参加 1 次项岗实习
		专业课程，专业课程不挂科
		专业知识与技能竞赛，参加 1 次校级以上技能大赛
		专业实践实习，大学阶段参加 1 次顶岗实习
		职业技能鉴定，考取 1 项专业技能证书
		毕业课题，完成毕业论文与设计
		职业道德养成教育，大学阶段参加 1 次企业实习，培养工作纪律
		职业行为习惯培养，大学阶段修 1 门职业生涯规划课程
		企业文化熏陶，参加 1 次企业文化讲座
		劳动教育、实践课程，环境卫生打扫、勤工俭学、社会工作与"工匠精神"培育等，参加 1 项活动
科创有为	60	创新思维与训练课程，选修 1 门创新思维与训练课程
		创业基础，大学阶段参加 1 次创业培训
		创新班培养，参加 1 次创业讲座

(b)

		大学生创新创业训练计划，撰写 1 份创业计划报告				情绪管理，认真上好心理健康教育课，调节自己情绪
		"互联网+" "挑战杯" "发明杯"等比赛，参加 1 次				自我认知，每学期参加心理健康教育活动 1 次
		毕业课题，大学阶段完成毕业设计或论文				解决问题，担任 1 年宿舍长，培养解决问题能力
		专利申报，申报 1 项本专业专利				人际交往与社会适应性，参加 1 个社团，培养人际交往素质
		政策介绍，进行 1 次创业政策调研活动				人文素质类课程与竞赛，选修 1 门人文素质类课程或参加 1 次人文竞赛
		行业企业背景与市场配置方面知识的培训，开展 1 次行业背景市场调研活动				"悦读"工程，读 1 本书
		风险评价与机遇把握，大学阶段修 1 门创业基础课				非遗文化进校园，参加 1 次非遗文化讲座
		SYB 创业培训，大学阶段参加 1 次 SYB 培训				扬帆讲坛，参加 1 次扬帆讲座
		科普知识活动，每学期参加 1 次科普讲座				领略扬州城市文化与涵育扬工校园文化，参观 1 处扬州城景点并撰写旅游感悟
		创业雏鹰基金项目，大学阶段申请 1 项创业基金				新年德育教育，每年参加 1 次德育讲座
		大学生创业园，大学阶段创办 1 个小店				文明礼仪教育月，参加文明礼仪活动 1 项
		专利转化，教育阶段申报 1 次专利		知书有礼	84	班团主题教育，每两周 1 次，本学期参加 10 次班团主题活动
		体育课，每学期修 1 门体育课				公寓文化节，本学期参加 1 项公寓文化活动
		早锻炼，每学期参加 30 次 "乐跑"				大学生礼仪队，本学期参加 1 项礼仪活动
		体检、卫生与健康知识普及，每学期参加 1 次卫生与健康讲座				艺术类选修，本学期选修 1 门艺术课程
		体质健康测试，每学年参加 1 次				社团文化节与社团巡礼，本学期参加 1 次社团文化活动
		军事训练，大学阶段参加 1 次军训				大学生艺术周，本学期参加 1 次大学生艺术活动
生活有乐	68	各类竞技比赛（如田径运动会、体育文化节、舞龙舞狮比赛等），参加 1 项体育竞技项目				才艺比赛，本学期参加 1 次才艺大赛
		课外活动与体育社团，参加 1 个体育社团				高雅艺术进校园，本学期观看 1 次高雅艺术演出
		扬州鉴真国际半程马拉松与元旦长跑活动，大学阶段参加 1 次				艺术类专业相关课程，本学期选修一门艺术类课程
		心理健康教育课程，上好 1 门心理健康教育课程				美丽宿舍建设，本学期参加 1 次公寓文化活动
		新生心理健康测试、约谈与咨询、危机干预，参加心理健康普查 1 次				扬帆讲坛，本学期参加 1 次扬帆讲座
		团体心理辅导，参加 1 次团建活动				非遗社团活动，参加 1 次非遗活动
		心理教育活动，"3·20"心理健康教育周、"5·25"心理健康教育月、"12·5"心理健康教育节等，任意参加 1 次活动				园艺类活动，选修 1 门园艺类课程
		独立生活，参加心理团建活动 1 次，培养日常生活独立自主能力				淑女学堂，参加 1 次淑女学堂讲座
		(c)				(d)

图 3-35　学生个人学期发展目标

（二）事中进行监测预警

学生至少参加 1 项个人任意诊断要素相关活动。根据学生参加活动的相关情况，学生发展服务平台会进行预警提示，如图 3-36 所示。学生活动分数等由组织学生开展具体活动的相关职能单位负责，并根据学生参与活动

操作	学号	姓名	年级	学期	学院	活动类别	活动得分	等级	是否预警	预警原因	总分
查看	XXXX	XXX	2	2020-2021-1	艺术设计学院	厚德有志	104	A	否		196.5
查看	XXXX	XXX	2	2020-2021-1	艺术设计学院	知书有礼	84	B	是	得分低于平均分	164.7
查看	XXXX	XXX	2	2020-2021-1	艺术设计学院	手中有技	64	C	是	得分低于平均分	135.4
查看	XXXX	XXX	2	2020-2021-1	艺术设计学院	生活有乐	68	C	是	得分低于平均分	144.5
查看	XXXX	XXX	2	2020-2021-1	艺术设计学院	科创有为	60	C	是	得分低于平均分	135.8

图 3-36　学生个人预警信息

的出勤次数和现实表现，按照相关要求进行量化考核，并依托学生成长服务平台导入量化考核成绩。

班主任、辅导员根据学生学期目标任务完成度和预警信息，指导学生准确观测、诊断、分析，找准发展目标，落实发展对策，不断激励自身、改进不足。

（三）事后开展诊断改进

每学期末前一周，各二级学院（部）组织班主任、辅导员指导学生撰写学期诊改报告。学生根据个人诊断要素量化数据，对照学期目标和目标完成度，围绕厚德有志、知书有礼、手中有技、生活有乐、科创有为几个方面的内容，总结优势和差距，形成学生发展自测诊改报告，如图 3-37 所示。

扬州工业职业技术学院学生发展自测诊改报告

学号	XXXX	姓名	XXX	性别	男
二级学院	艺术设计学院	专业	环境艺术设计	班级	XXXXXX
年级	2019	学年学期	2020-2021学年-1学期	综合素质	A
综合评价					
学校排名	1	学院排名	1	班级排名	1
观测点	发展总分	教师评价	同学评价	自我评价	总分	备注
厚德有志	104	91	93	94	196.5	
知书有礼	84	84	97	60	164.7	
手中有技	64	75	70	68	135.4	
生活有乐	68	90	63	72	144.5	
科创有为	60	71	80	78	135.8	
观测点总评	776.90	学分绩点	0.0	违纪处分	0.00	综合素质	776.90
综合分析					
观测点	厚德有志	知书有礼	手中有技	生活有乐	科创有为
计划完成	26	21	16	17	15
实际完成	26	21	16	17	15
完成率	100%	100%	100%	100%	100%
自测诊断	眨眼间一个学期的大学生活即将过去。这段经历让我收获颇丰，无论是在思想上还是在处事能力上，无论是在生活上还是在工作上，我都有一定的成长。从部队退伍复学之后，在院领导和班主任的帮带下，以及和班级同学接触中，我逐步与社会接轨，慢慢放下过去的身份与荣耀，努力和同学和睦相处，积极参加各项班级活动。在各科老师的指导下，我勤奋学习，通过系统的学习掌握了一定的生存技能。在思想品德上，我具备良好的道德修养，并有坚定的政治方向。在生活上，我有着较强的时间观念和良好的生活习惯。					
改进措施	一是要继续努力学习，成为一个对社会有用的人，努力将学习到的转化为生存技能；二是要加强与社会接触，努力融入社会；三是要加强人际关系处理，增强与人交谈的能力。					

图 3-37　学生发展自测诊改报告

四、诊改工作成效

(一) 建立学生自我发展诊改制度

根据学校人才培养方案及素质教育相关要求，学校出台了《学生个人发展目标、标准》，建立了学生诊改常态化运行体系，组织辅导员和班主任从厚德有志、知书有礼、手中有技、生活有乐、科创有为五项诊断要素出发，指导学生进行自我监测、自我预警、自我改进。学生普遍形成了诊改理念和诊改意识。学生成长服务平台的全面运行，厘清了学生个人发展目标与标准，培养了学生主动学习的习惯，提高了学生职业生涯规划参与度，使学生心中有目标、奋斗有方向、实施有抓手，为学校的学风建设和学生综合素质全面提升夯实了基础。

(二) 建立健全学生工作信息化系统

学生成长服务平台的全面运行，优化了学生工作流程，促进了学生工作改革，稳步推进学生工作信息化平台建设。共梳理各类业务清单 35 项，线上业务办理覆盖率达 90%。完成公寓管理、资助管理、违纪处分管理、学工队伍管理 4 个系统功能模块线上运行，简化了办事流程，提高了办事效率，通过数据和信息共享，基本实现了无纸化办公，降低了管理成本，保证了信息的准确性和时效性，使各个部门之间的工作紧密联系，大大减轻了工作负担，提高了工作效率。

(三) 学生综合素质不断提升

近年来，随着诊改工作的不断推进，学校构建了多维荣誉体系，为学生开辟了通往知识学霸、技能达人、文体明星、社团精英、创业先锋的五条星光大道，让每名学生都有出彩的机会。学生在职业院校技能竞赛、创新创业大赛等竞赛中屡获佳绩，累计获得省级以上一等奖 84 项；获得中国国际"互联网+"大学生创新创业大赛金奖 4 项、最佳带动就业奖 1 项；40 人获得国家奖学金；36 人获省级以上表彰。麦可思近三年调研结果显示，学生自信心显著增强，对母校满意度、推荐度和对教学满意度显著提高。

(四) 诊改工作增强学生获得感

2021 年 4 月，学校通过问卷星面向全体学生开展了学生层面诊改工作问卷调查。数据显示，80.36% 的学生认为学生层面诊改工作很有必要；81.93% 的学生对学生层面诊改工作的科学性、便捷性表示满意；97.6% 的学生表示基本完成每学期个人规划的目标；73.94% 的学生认为学生层面诊改工作对自己综合素质提升帮助明显；79.8%的学生表示认真完成了个人发展目标制定和诊改报告撰写。

五、学校下一步努力方向

一是培养学生自我诊改的能力和水平，提升学生自我诊改工作的质量。

二是贯彻落实《关于学生支持服务体系建设的实施意见》，丰富学生成长载体项目平台，满足不同层次学生发展需求。

三是注重"育典型""选典型""树典型""学典型"，推广学生层面诊改典型案例，让更多学生通过诊改工作受益。

3.3 诊改制度体系

在诊改工作推进过程中，为保证诊改工作依据诊改运行实施方案有序展开，学校建立了"1+5"制度体系。"1"是指《扬州工业职业技术学院内部质量保证体系诊断与改进实施办法（试行）》，"5"是指《扬州工业职业技术学院学校层面诊断与改进运行实施细则（试行）》《扬州工业职业技术学院专业层面诊断与改进运行实施细则（试行）》《扬州工业职业技术学院课程层面诊断与改进运行实施细则（试行）》《扬州工业职业技术学院教师层面诊断与改进运行实施细则（试行）》《扬州工业职业技术学院学生层面诊断与改进运行实施细则（试行）》。

《扬州工业职业技术学院内部质量保证体系诊断与改进实施办法（试行）》分七个章节，共二十一条。第一章总则，明确诊改工作目的、诊改工作体系、诊改工作途径；第二章诊改周期，明确各层面诊改工作周期；第三章诊改内容，介绍诊改目标与诊改标准、各层面"两链"打造要求及方法；第四章诊改实施，明确各层面诊改主体、组织与管理，介绍监测预警和自我诊改要求、质保制度建设、质量文化建设；第五章保障机制，介绍分层推进机制建设和信息化平台建设；第六章激励与问责，介绍激励措施及问责处理办法；第七章附则，明确办法解释与实施要求。

五个层面实施细则依据《扬州工业职业技术学院内部质量保证体系建设与运行实施方案》《扬州工业职业技术学院内部质量保证体系诊断与改进实施办法（试行）》，结合各层面诊改实际，规范实施过程和要求。各层面实施细则架构相同，分六个章节，共十五条。第一章总则，明确各层面诊改工作目的、诊改内容、诊改实施主体；第二章制定目标与标准，明确目标任务和考核标准制定要求及具体实施步骤、诊断点设置、目标任务分解要求与程序，总结编制要求；第三章运行监测与预警，介绍各层面诊改信息化平台运行要求、监测预警要求及过程管理；第四章开展诊断与改进，详细介绍螺旋建立与运行流程、诊改周期目标任务完成情况、未完成处理情况，提出学习与改进要求；第五章实施激励与问责，介绍目标任务激励具体措施及问责处理办法；第六章附则，明确各层面细则解释部门与实施要求。

"1+5"制度体系在学校诊改实施过程中有效规范了学校诊改工作和各层面实施，明确了诊改主体、周期，以及约束与激励措施，发挥了制度引擎作用，促进了与内部质量保证体系相适应的考核激励制度的建设，实现了诊改工作与常规工作结合、考核工作与自我诊改结合，促进了学校治理水平和整体实力的不断提升。

3.4 现代质量文化

建设职业教育特色鲜明的质量文化是提高职业教育质量的重要内容，对增强师生质量认同和行为规范性具有重要意义。教育部《高等职业院校内部质量保证体系诊断与改进指导方案（试行）》提出："树立现代质量文化。通过开展高等职业院校内部质量保证体系诊改，引导高职院校提升质量意识，建立完善质量标准体系、不断提升标准内涵，促进全员全过程全方位育人。"因此，高职院校通过质量文化建设，可以形成上下一致认可的质量观、共同的质量愿景、科学的质量思维和自觉的质量习惯，从而激发师生对质量保证的价值认同意识和情感。

一、建设背景

扬州工职院作为一所以工科为主的高等职业院校，深刻认识到质量文化建设的重要性，早在2012年就率先提出了以彰显校企合作、工学结合的理念为宗旨，以遵循行动导向的课程体系建设思路为核心，以崇尚实践、崇尚技能、崇尚合作、崇尚诚信为价值取向，以营造理实一体、生产性、虚实结合的育人环境为实现路径的"四元一体"专业文化架构。各专业（群）都凝练了专业文化内核，并融入教育教学实践，有效地繁荣了校园文化，提升了人才培养质量。

2018年学校印发了内部质量保证体系建设与运行实施方案，明确提出通过建立三个层次的校园质量文化，保证教育质量的一致性与必然性：一是质量知晓，即知晓质量的概念、质量标准（如专业标准、课程标准、师资标准、学生发展标准）；二是质量认同，即认同质量的重要性、质量标准的正确性，从而自觉参与质量维护及提高；三是质量建构，即培养创造质量、维护质量的能力，达到人人主动参与质量的创造、维护、提升的目的，从而建构与贯彻质量标准，并不断提升标准内涵，促进"三全"育人。

在此背景下，学校提出打造专业文化2.0版，进一步强化师生的质量意识，培育工匠精神。为此，结合时代背景、学校专业特色以及所处的地域文化——"扬州工"文化等综合因素，学校把建设具有"精益求精、匠心独运"这一文化价值追求的"扬州工"文化作为校园特色文化，以培育工匠精神塑造校园质量文化之魂，将工匠精神内化为全体师生的价值观念和行为规范。

二、主要做法

学校制定出台了《"扬州工"文化建设规划实施方案（2020—2025年）》，着力打造以"扬州工"为核心的专业文化，主要通过创设物质环境、完善管理制度、规范行为习惯、打造文化育人载体等，培养师生精益求精的质量意识和工匠精神。

在"扬州工"文化物质建设层面，各二级学院（部）建设了技能大师工作坊（室），选聘校内外技能大师领衔工作坊（室）建设，并对技能大师工作坊（室）的环境氛围进行营造，充分体现"扬州工"文化；设计并逐步建设体现"扬州工"文化或具有"扬州工"特质的主题雕塑、"校园十景"等景观，进一步营造"扬州工"文化育人环境；逐步设计并建设彰显"扬州工"文化精神、体现职业教育特色的物品，如小型雕塑、与专业相关的装置器具、特色座椅等；在校园各功能区，建设集师生交流、学习讨论于一体的文化角，并充分展示"扬州工"文化元素；结合专业文化提档升级工程，梳理"扬州工"文化在相关专业的发展脉络，并选取相关内容进行展示，建设以"扬州工"文化为核心的专业文化展区；在实验实训室文化氛围营造中，融入"扬州工"文化，让师生看得见、摸得着、感受得到。

在"扬州工"文化制度建设层面，学校规范和完善以质量为核心的各类制度、准则和流程，建立和完善了与内部质量保证体系建设相适应的制度体系。全校26个机关部门共梳理了170条部门职责，明确了90个岗位职责及任职条件，制定了近1 000条工作标准，梳理了100多个网上办事流程。通过持续改进质量和标准的制度设计，学校将蕴含工匠精神的"扬州工"文化融入诊改各环节；与此同时，在制度的制定和执行中，充分彰显工匠精神，增强师生对"精益求精、匠心独运"这一文化价值的认同感，并借助信息化平台，对制度执行情况进行采集和分析，确保各项制度有力执行。

在"扬州工"文化精神建设层面，学校成立了"扬州工"文化研究所，深入研究扬州传统历史、"扬州工"文化、学校专业文化及其与社会主义核心价值观的关系；逐步探索基于课堂教学、思想政治教育、校园文化、社会实践等方面的"扬州工"文化育人模式，增强"扬州工"文化的育人功能；以"扬州工"文化为核心，编写了"扬州工"文化通识读本；结合各学院专业的特色，编写扬州建筑文化、扬州园林文化等系列读本；开设了"扬州工"文化概述、扬州园林赏析等系列公共选修课程；在相关专业课程中增加扬州建筑、扬州工艺、扬州制造等体现"扬州工"文化的模块，加强育人效果；以扬州传统手工艺、扬州制造、工程建造等"百工"的历史传承及其蕴含的工匠精神为主要内容，通过在线视频、微课等方式，加强"扬州工"文化课程资源建设，提高课程信息化程度。

在"扬州工"文化行为建设层面，学校各二级学院（部）选聘了体现"扬州工"文化的传承人、与专业相关的技能大师、劳动模范、优秀校友等进校参与相关技能训练、教学、社团指导等工作；组建和扶持了一批体现"扬州工"文化的学生社团，包括传统文化社团和专业技能社团，并依托社团文化节、巡礼节等各类活动进行文化展示；围绕专业特点，在校外建设了一批实习基地，组织开展系列实习实训和文化调研考察活动；开展了"一届扬工人、一世扬州情"主题活动；将"扬州工"文化体验和调查等纳入暑期社会实践等活动，让学生在实践中接受"扬州工"文化教育；举办了"技能月"和"双创月"活动，鼓励学生参与以扬州传统文化为主体的双创和科研项目，展示学生设计优秀、制作精良的相关实习实训作品、毕业设计等；围绕工匠精神、优秀传统文化、非遗技艺等内容，举办了"扬州工"文化体验活动，进一步凸显了"扬州工"文化特色。

三、主要成效

学校从物质、制度、精神和行为四个方面培植专业认同感、彰显质量意识、倡导工匠精神等，将以"扬州工"为核心的专业文化融入人才培养，实现了软文化的可操作性和可发展性，激发了学生强烈的专业认同感和使命感，增强了其对专业精神的理解与应用能力。"扬州工"文化建设被中国教育报、中国青年报等10余家媒体报道，学校也先后荣获江苏省和扬州市文明校园称号，获评江苏省中华优秀传统文化传承基地创建学校。

3.5 信息化平台建设

为提升内部治理水平，持续提高人才培养质量，学校于2019年年初正式全面启动"诊改"工作，《扬州工业职业技术学院内部质量保证体系建设与运行实施方案》对信息化平台建设与支撑工作提出了明确要求。具体工作由分管信息化校的领导牵头，统筹规划建设以校本数据中心、网上服务大厅、智能云课堂、教师发展服务平台和学生成长服务平台为主的应用系统，为诊改提供平台支撑和数据支撑。通过建设，"一中心四平台"已于2020年全面完成建设并投入使用。

一、信息化顶层设计

学校信息中心以全面深入实施教育信息化2.0行动计划为宗旨，结合"十三五""十四五"建设规划和诊改信息化要求，不断探索建设安全、稳定、绿色、先进的"智能校园"，重点突出"以用户为核心"的理念，通过构建"校园一张网、校内一朵云、数据一个库、登录一账号、信息一门户、办事一张表"为代表的"N个1"建设工程，为学校各项事业发展提供有力的信息化支撑。

学校从四个维度有力保障信息化建设目标达成：一是校党委、行政高度重视，成立以书记、校长为组长的信息化建设领导小组；二是针对各部门不同的需求，学校出台信息化建设与管理办法，明确建设主体，激发各部门积极性，提高建设成效；三是学校专门新成立智慧教育研究所，用于小型应用自主研发；四是制定信息化相关规划，明确具体工作任务。

学校"自下而上"地设计了包含硬件保障、数据中心、统一身份认证、应用集群、师生服务平台和集中呈现平台的"智能校园"整体框架，将"N个1"的建设目标实施贯穿于其中。学校采用分年度逐步实施的方法分阶段建设，2017年主要进行数字化校园、中心机房、校园无线网建设，2018年主要进行网上服务大厅、智慧监控、云计算平台建设，2019年完成云桌面、校本数据中心、楼宇和地下管网改造工程建设，2020年完成融合门户、学生成长服务平台、智能云课堂、教师发展服务平台的建设。

二、信息化基础保障

基础保障部分重点在于硬件、安全和应用系统方面。信息中心秉持着校内有线与无线网络全覆盖、数据存储集中管控、服务器虚拟化、安全一体化、人员专业化、项目流程化的思路，保证学校相关硬件、软件足够丰富和强大。

学校校园网采用大二层逻辑拓扑，全面覆盖校园所有楼宇，实现万兆到主干、千兆到桌面的高速内部网络带宽。以此为基础，网络运维平台能够实时监控校园网络设备的运行数据和状态，对设备进行远程管理和配置。

学校建设了信息化保障核心——中心机房。该机房分为配线交换区、核心服务器区、一般服务器区、配电区、道通5个区域，通过环控系统，实现机房内无人值守、自动报警、实时远程查看各设备的运行状态等功能。机房内的服务器做到了全部虚拟化，既节能环保，又提高了利用率。

在安全防控方面，学校充分利用防火墙、远程堡垒机、WAF、站群和数据备份设备提供全套安全保障。经过多年的建设，目前学校大部分职能部门的管理系统都比较齐全。教务、学工、OA、邮件、人事、财务、科研、图书等应用系统在数字化校园阶段起到了重要的管理作用。

三、支撑诊改平台建设

学校依托诊改工作提出的"一中心四平台"的建设思路，完善学校信息化建设体系，如图3-38所示。

```
┌─────────────────────────────────────────────────────────┐
│                    学校主页（网站群）                      │
│         融合门户：PC门户、移动门户（信息一门户）             │
│                      服务集中呈现                         │
│  ┌─────────┬─────────┬─────────────┬─────────────┐       │
│  │网上服务大厅│智能云课堂│教师发展服务平台│学生成长服务平台│     │
│  │(办事一张表)│         │             │             │     │
│  └─────────┴─────────┴─────────────┴─────────────┘       │
│                    师生服务平台                           │
│  ┌────┬──────┬──────┬──────┬──────┐                    │
│  │OA系统│智慧党建│邮件系统│校园卡 │学工系统│                   │
│  ├────┼──────┼──────┼──────┼──────┤                    │
│  │教务系统│档案系统│资产管理│图书系统│资源库 │                   │
│  ├────┼──────┼──────┼──────┼──────┤                    │
│  │科研系统│财务系统│人事系统│目标任务│ …… │                    │
│  └────┴──────┴──────┴──────┴──────┘                    │
│                     应用集群                             │
│         统一身份认证系统（登录一账号）                      │
│  UDW（数据仓库，存放治理后数据，用于数据交互）                │
│              ↑ 数据清洗、转换、治理                        │
│  ODS（数据湖，1:1抽取业务系统数据，起到备份作用）             │
│     ↑           ↑              ↑                        │
│  业务系统数据  非结构化数据   线下表格数据                   │
│              校本数据中心（数据一个库）                    │
│       中心机房（校内一朵云：校内云平台）                    │
│    网络基础设施（校园一张网：地下管网、有线及无线覆盖）        │
└─────────────────────────────────────────────────────────┘
```

图 3-38 "一中心四平台"

学校结合应用系统实际情况，在现有应用的基础上，融入诊改理念搭建信息化平台。新平台的建设由以往的面向管理全面转向面向服务，切实提高了广大师生的满意度。

"一中心四平台"中的核心——校本数据中心，2019 年投入建设，至 2021 年 6 月已经接入业务系统数据库 20 个，同时为新建的多个平台系统提供数据支撑。校本数据中心从数据的抽取、数据的治理、校本数据接口发布及运行状态监管等方面进行全生命周期的管控，有效地提升了数据的流转效率。至 2021 年 6 月，学校共开放 67 个数据接口，接口总调用次数超过 79 万次，数据孤岛现象基本被消灭，如图 3-39。

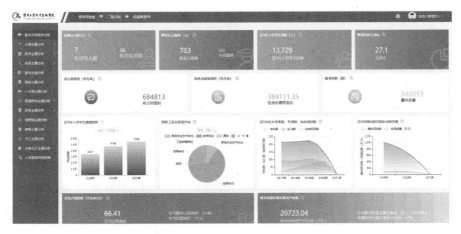

图 3-39 校本数据中心

学校智慧研究所充分利用校本数据中心数据集市的数据优势，自主研制"领导驾驶舱"。该"领导驾驶舱"内包含人事、教学、科研等多个主题，方便学校管理者进行全局或分项数据预览，助力学校科学决策，提升办学效益。

平台一：网上服务大厅（图 3-40）。该平台将各部门的业务在线化、流程化，让广大师生不受时间和空间的限制，享受规范、透明、高效的服务。用户点击某一办事事项，具体的办事流程图和表单就会直接呈现。管理后台快速分析各个流程使用效率，移动端样式与 PC 端完全一致，并接入掌上扬工移动服务门户，使事务办理不再受时间、空间的约束，提高了工作效率。

图 3-40 网上服务大厅

平台二：智能云课堂（图3-41）。该平台主要服务课堂教学，实现线上、线下混合教学。教师可以在任何移动设备或PC上轻松管理自己的课程、管理学生、发送通知、分享资源、布置并批改作业、组织讨论答疑、开展教学互动。发布的所有课程信息、学习要求、课件、微视频等学习资源都可以即时传送到学生的移动设备上，从而让学生的移动设备变成学习工具。教学管理部门可通过管理后台对在线教学数据进行实时监管，快速掌握全校教学情况。

图3-41　智能云课堂

平台三：教师发展服务平台。该平台主要服务教师用户，结合学校人事制度改革，以岗位分类分级管理为核心，构建教师岗位工作标准。教师个人在平台上依据岗位聘期目标、人才发展目标，制定三年成长发展总目标和年度发展目标，促进个人发展。（图3-42）

姓名: ××			性别: 男		
出生年月: ××××			参加工作时间: ×××		
学历: 硕士研究生			学位: 工学硕士学位		
专业技术职务: 行政人员			行政职务: ×××		
受聘部门: 智能制造学院					
聘期开始时间: 2019-01-01			聘期结束时间: 2021-12-31		

基本要求:
完成岗位基本职责,年度考核均合格

全部指标(按学校相关要求进行选择)

指标	指标二级分类	指标名称	2019年	2020年	2021年
科研类任务	科技成果类	获得市(厅)级以上科研成果奖励1项(前5)	□	□	□
	知识产权类	以第一完成人,获得授权专利并转化1项,或获得发明专利进入实审1项,或获得授权实用新型专利2项	☑	☑	☑
	论文专题类	完成发表核心期刊以上科研论文1篇以上,或出版专著1部,或发表1篇教学研究与实践的论文(北大中文核心期刊、国家级报刊职教研究版)	□	□	□
	科技建设项目类	主要参与省级(前5)教研科研项目1项,或主要参与(前5)省级科研平台、省级科研团队等建设1项,或主持或者参与(前3)市厅级项目1项,或主持横向项目到账经费10万元以上	☑	☑	☑
	课程教学类	完成规定工作量且课程学期教学质量评价良好以上次数不少于2次	□	□	☑
	教学成果类	主要参与获得校级教学成果奖1项(前3)	☑	□	□
		本人参与获得1项省级以上表彰(教学成果奖励,前5)、人才工程项目、教学名师、教学团队(前5))	□	☑	□
	课程建设类	担任主编或副主编出版教材1部	□	□	☑

图 3-42 教师发展服务平台相关信息

平台四:学生成长服务平台(图 3-43)。该平台主要面向学生用户。学生依据学生发展目标、标准和自我发展需要,了解自己的优势与不足,分析自身现状,可通过该平台参加各种增强自己能力的活动、制订本学期的发展计划,更好地促进自我提升。学生成长服务平台围绕学校"1520X"学生支持服务体系,基于"厚德有志、知书有礼、手中有技、生活有乐、科创有为"5项诊断要素,为学生进行自我监测、自我预警、自我改进提供服务。

图 3-43 学生成长服务平台

在校级层面,学校建设了目标任务管理系统,年初统一下发年度工作任务。各单位以月度为监测周期,依托生成的"一页纸"报表(图 3-44)进行自我监测,对未按进度及质量要求完成的工作做出预警。学校相关部门通过该平台了解各部门工作进度和完成质量。年底各单位进行诊断改进,及时发现问题、分析原因、制定改进措施。

2020 年信息中心一页纸报表

部门负责人:××		工作名称	月份							负责人优先级	
目标	任务链	项目部门主要工作	3	4	5	6	7	8	10	●负责	●协助
○	完成物联网智慧安防与协同系统建设任务/在宿舍楼出入口加装智能安防设备	1 宿舍出入口加装智能安防设备	●	●	●	●	●	●		●	●
○	完成物联网智慧安防与协同系统建设任务/完成校园内西部区域食堂的监控覆盖	2 完成校园内西部区域食堂的监控覆盖	●	●						●	
○	完成弱电改造及地下管网改造任务/完成丁香园、芸台楼、竹青苑 12 号楼弱电改造任务	3 完成丁香园、芸台楼、竹青苑 12 号楼弱电综合布线改造任务		●	●	●	●			●	
○		4 完成丁香园、芸台楼、竹青苑 12 号楼无线、交换设备改造任务		●	●		●			●	
○		5 完成丁香园、芸台楼、竹青苑 12 号楼一卡通改造任务		●	●	●	●	●			●
....											
									人员一	人员二	人员三	人员四

图 3-44 "一页纸"报表

利用诊改推动学校信息化建设的同时，学校将传统数字化校园门户全面升级，在保证传统数字化校园门户身份认证、单点登录、应用统一入口的基础上，增加了"个人数据""今日课程""周日程""通知消息""事务中心"等模块，使广大师生使用更加便捷高效。

随着用户对移动端办公的需求日益强烈，学校于2020年启动掌上扬工移动服务门户建设计划，将散落在各部门微信公众号上的移动端应用进行整合，并制定移动端集成标准，方便各类第三方快速接入。

四、信息化平台建设成效

成效一，校本数据中心有效地推进了数据对接共享，消除了信息孤岛，主要体现在：一是直连业务系统数据库，只要业务系统能够使用，数据就能正常抽取。二是支持日志数据接入，有效地保障了数据安全。三是支持线下高价值表格工具导入，无须直接操作数据库。四是数据中心内部分两层结构，第一层为数据引入层，用于1∶1抽取业务系统数据，起到备份作用，在业务系统宕机的情况下保证数据供给正常；第二层为数据存储层，用于存放治理后的数据，将符合标准的数据通过API接口发布给业务系统。

成效二，掌上扬工移动服务门户轮播图片与官网自动保持同步，首页收藏功能支持个人自定义功能，数字看板及时提醒，事务中心快速处理业务，OA通知直接查看，应用精细分类，方便用户查找。

未来学校信息化部门将继续在基础保障、应用支撑、平台建设、安全防护四个方面为全面实现智能化校园提供有力保障。

试点以来，学校按照"需求导向、自我保证、多元诊断、重在改进"的工作方针，以不断提高利益相关方对人才培养工作满意度为目标，紧紧围绕学校事业发展规划和阶段性重点工作，不断完善校本特色的人才培养目标、标准和制度体系，构建层次性、发展性和开放性相统一的标准体系，优化以"8"字形螺旋为核心的内部质量保证体系，凝练以"扬州工"文化为内核的校园质量文化，提升信息化平台智能化水平，加快学校内部质量保证体系建设，打造特色鲜明、高效运行的自我约束、自我发展、自我诊改常态化工作机制，形成内部保证与外部评价相协调的质量保障体系，持续提升人才培养质量，促进学校高水平建设和高质量发展。经过三年的诊改试点，学校全体师生加深了对诊改理念的认识，强化了质量主体意识，增强了质量文化认同感，学校内部质量保证体系建设也取得了阶段性成果。

第四章

高职院校内部质量保证体系建设案例

诊改制度建设以来,在教育行政主管部门的部署和推动下,国家级和省级诊改试点工作进展顺利,推动了院校内部质量保证理念的落地,增强了职业院校质量主体意识,打造了一批职业教育质量保证样板,形成了一批可借鉴、可推广、可复制的实践范式。

4.1 学校层面案例

在学校内部质量保证体系建设实践中，学校层面诊改是五个横向层面中最重要、最基础的一个，关系到学校事业发展定位、目标任务达成度及学校内部治理体系与治理能力现代化水平。高职院校在长期办学的过程中积累了具有自身特色的质量保证方式。如何结合自身实际，提升学校治理水平和人才培养质量，服务学校高质量发展和高水平建设的需要，遵循"55821"体系架构，探索建立校本特色内部质量保证体系，就显得十分重要。江苏航运职业技术学院（简称"航运职院"）具有鲜明的行业特色，长期开展 ISO 9001 质量认证，形成了符合自身特色的质量保证方式。开展诊改试点以来，该校率先将 ISO 9001 质量标准引入教育教学管理，构建了"一体系管理、双标准控制、三队伍带动、四机制保障"的"1234"特色化内部质量保证体系，值得学习与借鉴。

一、建设背景

航运职院是率先将 ISO 9001 质量标准引入教育教学管理领域的高校，是首批国家示范（骨干）高职建设优秀院校、国家"双高计划"建设单位。该校紧密围绕综合交通运输体系建设和航运产业链建成了相应的高素质技术技能人才培养专业链，接受教育行政部门和海事主管机关双重管理。

航运职院 1998 年建立运行质量管理体系，先后取得 6 份质量体系证书；2016 年承接国家高职教育创新发展行动计划 RW53 项目（任务），启动实施教学诊改，制定并落实内部质量保证体系建设与运行专项规划和"1（总体）+6（专项）"诊改方案；2018 年被确定为江苏省高职诊改试点院校。

为贯彻落实国家职业教育改革实施方案、提质培优行动计划、推动现代职业教育高质量发展的意见和教育部教学诊改部署要求，航运职院在近 6 年内通过理论研究与成果应用、继承传统与创新实践、统筹谋划与有序推进，全面融合质量管理和现代职教理念，构建了"一体系管理、双标准控制、三队伍带动、四机制保障"的特色化内部质量保证体系，形成了"1234"诊改运行长效机制，取得了显著成效。

二、建设举措

（一）一体系管理：整合四套质量保证体系建设一体化、系统化内部质量保证体系

多年来，航运职院先后建立教育质量管理体系、重点领域廉政风险防控管理体系、培训质量管理体系、内部控制建设体系 4 套质量体系，分别对教育教学、全面从严治党与廉政建设、技术技能培训、经济与业务活动管理领域进行全过程质量监控，如图 4-1 所示。

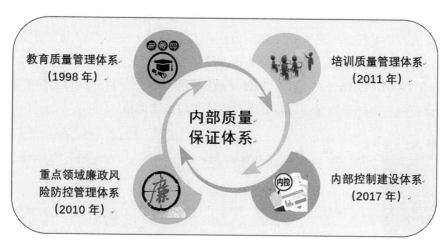

图 4-1 一体系管理

为推进诊改制度建设，该校注重传承、创新与展现特色，结合内部治理和高水平建设需要，融合既有质量体系与诊改新要求，构建了新的内部质量保证体系，形成了以教育质量管理体系为主体、其他三套体系为补充，既按各自要求独立运行，又合成一体、互联互通、相辅相成的总体架构，实现了"一体系管理、系统化运行"。体系文件分为四大部分、三个层次、六种类别，包括质量手册、程序文件、岗位指导书（含任职标准和工作标准）、支持性文件（含外部规范文件、内部规章制度及相关标准）、质量记录表等。

（二）双标准控制：贯彻教育/行业、国内/国际双标准建设符合性标准链与制度链

在体系建设中，航运职院围绕教育部门"55821"诊改体系架构、行业主管机关的强制要求和内部治理需求，贯彻实施了教育行政部门/行业主管机关的法规及规范性文件（标准）、国家法律法规（标准）/国际公约（标准），并按照决策指挥、质量生成、资源建设、支持服务、监督控制和学校、专业、课程、教师、学生五纵五横系统全面梳理了校内各项标准与规章制度，以"双标准控制"建设了具有良好符合性、适宜性、充分性的标准链与制度链，如图4-2所示。一是全面贯彻教育部门关于高职诊改的系列文件规定和相关标准（教育标准），着力推进诊改；二是严格落实交通运输部及国家海事局（行业主管机关）的法规及规范性文件（行业标准）的要求，符合航海类院校与专业办学许可的强制性规定；三是按照国际化技术技能人才培养和挪威船级社（第三方国际权威机构）的质量认证要求，贯彻落实《1978年海员培训、发证和值班标准国际公约》（2010年修正案）、GB/T 19001—2016/ISO 9001：2015《质量管理体系 要求》的符合性要求，并保持学校内部质量保证体系证书有效签注与持续更新。

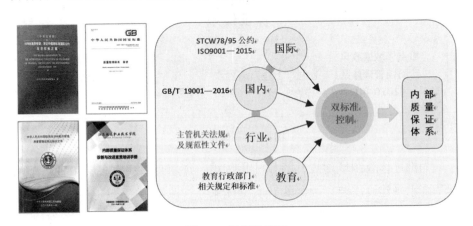

图4-2 双标准控制

（三）三队伍带动：建设质保专员、内部审核员、教学督导员队伍带动师生全员诊改

为推进诊改，航运职院将诊改工作列为"十三五"与"十四五"规划的重点工程和高水平院校建设的重点项目，并完善了组织架构，强化了党建引领、多方协同和骨干带动。组建"1（校质量管理委员会）+6（校专项质保领导组）+9（二级教学单位质保领导组）+43（基层质保工作组）"的质量管理机构和质保专员队伍，构建了全员参与的质量管理系统。既对全员开展诊改理论与实务培训，全面加强质量文化建设，又重点培养内部质量审核员和教学督导员,提升质量管理队伍的素质,积极发挥专业人才作用。在质保专员引领、内部审核员巡查、教学督导员督查下,建立全要素、网络化的内部质量保证组织架构,以三支队伍有效带动全员诊改(图4-3),持续优化"三全"育人体系。

图4-3 三支队伍带动

(四)四机制保障:完善自我诊改、内部审核、管理评审、外部审核机制,常态化运行"8"字形螺旋

一是完善四道保障机制(图4-4)。航运职院按照"事前设定目标标准、事中进行监测预警、事后开展诊断改进"的运行流程,驱动各层面各责任主体按照预设周期适时开展自我诊改活动,进行对标找差、阶段诊改和常态纠偏,落实规范管理和质量保证。定期策划实施内部质量审核,组织专业性审核员深入各部门(教学单位)现场,检查体系运行情况,从基层一线和微观细节视角诊断存在的问题和质量风险,督促落实改进措施。每年度由校长主持开展管理评审,听取体系运行年度报告、教育教学质量分析报告、自我诊改报告等情况,从宏观战略和重点、难点视角诊断存在的问题和质量风险,研究确定下年度体系建设与运行的重点任务和改进措施。每年接受挪威船级社和国家海事局审核组进校开展各类外部审核,由质量专家全面检查评价学校体系运行情况,从主管机关和第三方视角诊断存在的问题和质量风险,并在纠正措施得到验证确认后,保持质量体系证书签注与更新。通过自我诊改、内部审核、管理评审、外部审核四道保障机制,推动内部质量保证体系长效运行和持续改进。

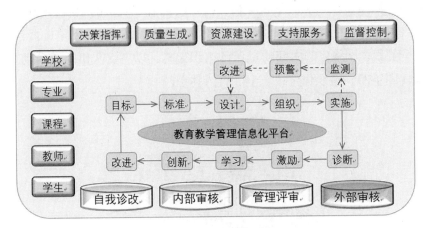

图 4-4　四机制保障

二是推进五横层面诊改。航运职院聚焦核心要素，以"8"字形螺旋为基本运行单元，深入开展五横层面的自我诊改。在学校层面，学校立足办学定位与使命愿景，建立"十三五""1783"、"十四五""1189"规划体系，形成发展规划目标任务分解、年度监测预警、中期检查评估与修编、终期执行总结的自诊机制；建立年度党政工作要点与目标任务书管理机制，注重年初细化执行、季度监测预警、年末绩效考核，强化目标管理、过程监控和考核性诊断，促进高质量发展。在专业层面，学校依据专业规划及建设标准、建设方案、教学标准，以学年和三年为周期，实施专业教学诊改和专业建设考核性诊改，完善专业设置与动态调整机制，强化特色发展。在课程层面，学校依据课程建设规划及建设标准、建设方案、课程标准，以学期和建设期为周期，实施课程教学诊改和课程建设考核性诊改，深化"三教"改革。在教师层面，学校依据师资队伍建设规划、教师发展标准和有关专项方案，以年度和岗位聘期为周期，实施教师发展诊改和师资队伍建设诊改，促进高水平师资队伍建设。在学生层面，学校依据育人规划、学生发展标准和有关专项方案，以学期、学年和三年学业期为周期，实施学生发展诊改和育人体系建设诊改，促进学生全面发展。

三是强化信息化平台支撑。航运职院注重信息化平台的顶层设计和建设应用，建成以"1 平台（数据中心与质控平台）+1 大厅（网上办事大厅）+N 业务系统"的现代信息技术平台；完善了各大业务系统的开发与集成，实现了业务系统、微服务与诊改平台的数据对接，集成主要业务系统13个、微服务203个、教学资源云平台5个；构建了175张数据表，实时采集核心业务源头数据，提供55项数据共享类目，实现了各类数据的源头即时采集和实时开放共享、互联互通，实现了过程性监测预警和决策智能化、科学化。

三、建设成效

体系运行与诊改实施有力推动了航运职院的高水平建设和高质量发展，在转变质量治理方式、优化治理结构与专业布局、提升治理效能、落实立德树人根本任务等方面发挥了重要作用，催生了一大批标志性成果，促进了学校"双高计划"和"高水平院校"建设提质增效。学校入选国家优质专科高等职业院校、"双高计划"中国特色高水平专业群建设单位、全国高职院校教师发展指数优秀院校100强、学生发展指数优秀院校100强、全国高校就业创业典型案例100强；荣获国家级教学成果奖一等奖、国家级课程思政示范课程、全国优秀教材建设一等奖、国家级教学创新团队、全国创新创业大赛金奖、省级教学能力大赛一等奖等诸多奖项和荣誉；通过了国家海事局质量体系审核和航海教育培训质量评估并获"优秀"等级，通过了挪威船级社换证审核和年度监督审核，通过了诊改预复核。学校人才培养和学生发展目标达成度显著提升，师生满意度与获得感日益增强，诊改理论研究取得丰富成果并通过了省级课题结项评审，实践应用形成"航院模式"并被评为全国教学诊改优秀典型案例。学校办学水平、人才培养质量、社会影响力与国际知名度进一步提升，核心竞争力不断增强，质量文化与品牌意识更加深入人心，事业发展迈上新台阶。

四、存在问题和改进措施

（一）存在问题

航运职院在推进诊改的过程中存在以下问题：诊改责任主体的质量意识仍需进一步增强，以诊改理论与实务应用推进改革创新和高质量发展的水平有待提升；"两链"打造与实施过程中的生态治理尚需进一步推进，标准链、制度链建设和综合绩效考核机制仍需持续完善；信息化平台建设仍需大力推进，适应实时性、常态化诊改需要的数据治理任重道远。

（二）改进措施

学校须持续加强诊改培训，推进质量文化建设，引导全员普遍树立创新发展责任意识和现代质量文化理念，提升各责任主体的诊改业务水平和质量管理水平。持续优化内部治理结构和"三全"育人体系，深入推进内部质量保证体系建设与运行，对标找差，攻坚克难，在诊改实施中实现治理能力和人才培养质量螺旋式提升。持续推进信息技术与教育教学深度融合，强化信息化平台支撑和数据实时采集，增强数据治理能力，建设适应诊改需要的智慧校园。

4.2 专业层面案例

专业是高职院校建设和发展的关键，是学校深化"三教"改革，实施产教深度融合、校企协同育人的载体。专业质量是人才质量的基石。提高专业建设水平对提高人才培养质量具有重要的意义。无锡职业技术学院历来重视专业建设，不断完善质量保证制度，建立了内部质量保证体系，遵循"8"字形螺旋，按"事前、事中、事后"流程，开展常态纠偏与阶段诊改相结合的专业诊改，建立了"专业—二级学院—学校"三级专业诊改联动机制，取得了一批诊改制度建设成果，打造了高职专业诊改样板。该校的实践经验值得学习与借鉴。

一、前言

《中国制造2025江苏行动纲要》明确提出到2025年将江苏建成制造强省，《无锡市国民经济和社会发展第十三个五年规划纲要》也提出"抢占产业发展制高点，以制造强促进工业强"。无锡职业技术学院"十三五"事业发展规划提出：要坚持服务智能制造、"两化"融合的办学特色，以人为本，全面深化内涵建设，将学校建成"学生的家园、企业的伙伴"，到2020年，成为具有中国特色、世界水平的国家优质高等职业院校，培养服务江苏地方经济乃至全国的高素质技术技能人才。同时，对标"建设智能制造特色校"目标，该校又迎来适应制造业提质增效、品牌引领竞争等新挑战。因此，该校需要在专业层面建立完整且相对独立的质量目标、标准和制度，形成诊改机制，保障专业建设水平及专业人才培养质量的不断提升。该校于 2016 年成为全国高职高专诊改试点校，经过试点探路，建立了学校内部质量保证体系 3.0 版，制定了《无锡职业技术学院内部质量保证体系建设与运行方案》《无锡职业技术学院诊断与改进工作原则意见（修订稿）》。

专业层自诊试点概况：教务处作为专业层面质量保证子系统的牵头部门，对专业目标与标准、专业层质量核心制度、专业层"8"字形螺旋、专业自诊指标体系等开展专题研究，完善教学工作委员会工作机制，建立了专业层"8"字形螺旋，制定了专业自诊操作细则，围绕专业建设与教学运行，制定了专业调研、专业建设与评价等相关制度 16 项，其中规划标准类 3 项、运行管理类 7 项、约束激励类 2 项、研究实践类 4 项。根据学校制定的专业层面的诊改制度、专业层面自诊操作细则，指导各专业开展常态化与阶段相结合的专业自诊工作，实现专业层面诊改全覆盖，并且按照制度要求正常运行，建立了专业、二级学院、学校三个层面的专业诊改联动机制。该校 2016 年采用电子表格形式开展自诊试点工作；2017 年起采用信息化平台开展自诊，实施专业、学校两级自诊；2018 年实施学校、分院、专业三级自诊，实现全校 46 个专业全覆盖，形成 46 份专业报告、8 份教学院系报告及 1 份学校层面自诊报告。将专业层自诊结论用于指导每年专业人才培养方案的修订，写入教务处人才培养方案修订指导意见文件；将专业自诊常态纠偏所发现的问题作为教学部门教研活动的主题研究项目，写入教研活动管理办法，形成常态化机制。另外，根据专业自诊所发现的问题，学校制定了学分银行制度等系列文件。专业自诊取得了预期的阶段性成效。

二、聚焦核心要素，顶层设计专业质量保证体系

（一）目标与问题导向，构建专业层面"8"字形螺旋

无锡职业技术学院在质量保证体系总体框架下，根据目标导向与问题导向相结合的原则，对专业层面的质量保证体系进行专门设计，形成专业层面的"8"字形螺旋运行单元，如图 4-5 所示。

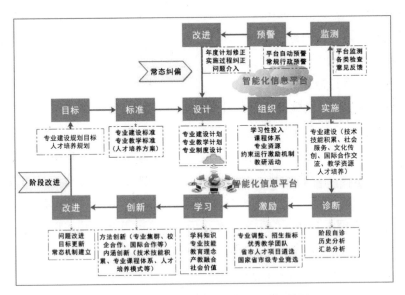

图 4-5　专业层面"8"字形螺旋运行单元

根据目标导向的原则，专业层面"8"字形螺旋的起点是专业建设规划目标与人才培养规划的制订，目标、标准的确立。教务处牵头组织做好学校层面专业目标、标准的制定，并指导分院组织做好各专业的规划，确立专业目标、标准，并使之与上下衔接、左右贯通，形成专业目标与标准链。

根据问题导向的原则，学校采用SWOT分析等工具，对专业建设与运行状况进行基础分析、需求分析、问题分析，认为自身专业建设优势积淀深厚、机电类专业综合实力较强，各类教改成果显著，但存在专业管理制度体系不够健全、部分专业目标定位不够清晰、经典长线专业改革创新步伐迟缓、学生侧关注不够、专业机制不够完善等问题。因此，学校在专业层面质量保证体系设计上重点关注以下几个方面：

一是完善专业建设的分类标准。学校制定专业的合格标准，各专业则在合格标准的基础上，结合专业建设的基础，制定符合自身发展的、有特色的分类标准（如A+类专业标准、A类专业标准等）。

二是落实人才培养"多元质量观"。学校通过进一步优化人才培养方案，以问题导向进一步细化毕业要求与课程的关系，梳理课程知识、技能点与岗位能力的关系，着力于培养方案的精细化设计（如课程体系优化、学分互换举措等）。

三是提升专业设置与地区经济发展对人才需求的契合度,以需求为导向,调整专业方向,培养区域经济产业发展所需的新型复合型人才(如艺术学院需面向国家数字电影产业基地,培养会熟练运用数字动画前沿技术的艺术设计类人才)。

四是解决与工作流程相关的制度建设问题,使各类业务运行流程(工作流程)顺畅。将学校管人(权)制度与管事流程匹配,依托信息技术来支撑,提高组织体系的运行效率,通过建立约束和激励相结合的机制,提高责任主体的工作积极性,以保证工作任务顺利完成。

(二)核心制度建设,保障专业质量保证体系运行效率

学校构建了"规划标准、运行管理、约束激励、研究实践"四个模块专业诊改制度体系,其中包含十六项专业核心制度(表4-1)。修订专业调研制度,从而更好地对接产业需求,规范专业设置及优化人才培养方案;修订专业建设评价标准,引导专业合理定位、分类建设、特色发展;新增教研室活动工作指南,组织开展说专业、说课程、修订专业标准及课程标准、分析研究教学平台动态数据等主题教研活动,实现常态化的专业诊改。各二级学院对照学校的制度,结合本学院的特点和要求,对专业运行的相关制度进行进一步细化,以确保专业诊改螺旋常态化运行。

表4-1 四个模块专业核心制度体系

制度类别	制度名称
规划标准	无锡职业技术学院"十三五"专业建设规划制定原则意见 无锡职业技术学院"十三五"专业建设规划(修订) 无锡职业技术学院专业立项建设规范(修订)
运行管理	无锡职业技术学院关于开展专业调研的原则意见(新增) 无锡职业技术学院系部(教研室)教研活动工作指南(新增) 无锡职业技术学院专业、课程、教材建设与管理工作的实施意见 无锡职业技术学院校级专业建设课题管理办法(修订) 无锡职业技术学院校级课程建设课题管理办法(修订) 无锡职业技术学院实践基地建设与管理工作实施意见(修订) 无锡职业技术学院关于制定××级高职专业人才培养方案的原则意见
约束激励	无锡职业技术学院专业建设评价与验收办法(修订) 无锡职业技术学院专业诊改实施方案(修订)

续表

制度类别	制度名称
研究实践	无锡职业技术学院专业建设评价标准（修订） 无锡职业技术学院数字化教学平台管理与使用办法（新增） 无锡职业技术学院学科技能大赛管理办法（修订） 无锡职业技术学院专业集群建设原则意见（新增）

（三）聚集核心要素，完善专业自诊指标体系

以学校专业建设规划目标与标准为引领，研究团队结合学校的专业建设基础，提出聚焦"专业人才培养、专业技术技能积累、专业优质教育资源、专业教育国际化、专业信息化"等建设要素的专业建设标准。为了实现专业自诊的系统性、精准性、有效性，研究团队根据上述专业建设要素，梳理形成专业层面自诊指标体系（表4-2）。该指标体系用于系统性地开展专业质量的过程监控、阶段自诊。

表4-2 专业层面自诊指标简表（样例）

专业名称（代码）：		专业现有等级：	专业目标等级：	
诊断内容	诊断要素	诊断点	诊断指标（样例）	序号
专业教学	专业调研	专业在校生数	专业目前在校生数量	1
		生源调研	新生招生计划完成率	2
		毕业生调研	专业应届生就业专业相关性	3
			专业毕业生3~5年升迁率	4
		企业调研	调研企业数量	5
			调研企业类型	6
		调研报告	专业综合调研报告	7
		专业论证	专业论证或复审结论（新、老专业）	8
	培养方案	培养方案审核	专业人才培养方案审定结论	9
		学分结构	课程体系学分构成合规性	10
		核心课程	应届毕业生核心课程重要度	11
			应届毕业生核心课程满足度	12
		课证融通	国内外职业资格证书/职业能力标准与课程对接度	13
		C类课程开设	C类课程学分比例	14

续表

诊断内容	诊断要素	诊断点	诊断指标（样例）	序号
专业教学	教学实施	专业教学计划	运行周期专业教学计划调整数	15
		学生学情	新生志愿对口率	16
			专业学生辍学率	17
		课堂教学	是否达成零教学事故	18
			学生缺课率	19
			专业课督导听课成绩高于85分占比	20
			专业课学生评教90分及以上占比	21
		教学满意度	专业应届毕业生教学满意度	22
			专业在校生教学满意度	23
	培养成效	毕业要求达成度	应届毕业生毕业率	24
			毕业生中高级职业资格证书获取率	25
			毕业生英语等级考试通过率	26
			毕业生计算机等级考试通过率	27
		培养目标达成度	应届毕业生初次就业率	28
			应届毕业生月薪	29
			毕业生中期岗位升迁率（3~5年）	30
专业建设	优质专业资源	专业团队	专业带头人具有高级职称	31
			专业专任教师双师素质占比	32
			专业专任教师高级职称占比	33
			专业专任教师硕士学位占比	34
			专业专任教师博士学位占比	35
			专业生师比（不含通识课）	36
		实践基地	校外专业实训基地数	37
			校内专业实训基地数	38
			专业群申获市级以上实践基地数	39
		教材与教参	选用省级以上精品及规划教材占比	40
			专业生均图书册数年度增量	41
		专业经费	生均教育经费占比	42

续表

诊断内容	诊断要素	诊断点	诊断指标（样例）	序号
专业建设	技术技能积累	产教融合	产教融合项目数（混合所有制、现代学徒制、订单培养等）	43
		科研平台	市级以上专业科研平台数	44
		科研成果	专业教师教科研工作量完成率	45
		社会培训	年度社会人员培训量	46
	专业教育国际化	国际合作	国际合作项目数（中外合作项目、留学生、国际化教育合作）	47
		国际化资源引进	国际职业资格证书/职业能力标准与课程对接度	48
	专业信息化建设	专业资源库	市级以上专业资源库（国家、省、市）	49
		课程信息化建设	市级以上专业精品课/资源共享课数（国家、省、市）	50
			全课程信息化达成度	51
		信息化比赛	教师信息化教学比赛获奖	52
	服务学生成长成才	拔尖创新人才	近三年是否有创新拔尖人才	53
		技能大赛获奖	学年内省级以上技能大赛获奖人数	54
		学生与家长认可	新生第一志愿报考率	55
			专业就业对口率	56
			毕业生就业现状满意度	57
	规划重点建设任务	年度专业建设主要任务	完成年度专业建设重点任务占比	58
专业特色	自定	自定	自定	……

诊断指标的数据是否能实现源头采集成为专业自诊是否可持续的关键。在试点期间，学校通过教研系统、科研系统、人事系统，使得数据源头采集率从2017年的52.5%提升至93%，实现了"数据跑腿、平台汇总、人工把脉"，增强了责任主体的获得感。

三、建立诊改机制，实现专业层面自诊全覆盖

（一）专业自诊制度，明确主体职责与操作路径

根据《无锡职业技术学院诊断与改进工作原则意见（修订稿）》，学校

出台了《专业层面自诊操作细则》,明确组织分工、诊改范围、操作步骤等内容,指导专业自诊。

1. **专业自诊内涵与组织分工**

专业层自诊涵盖专业建设与专业教学运行两个方面,由教务处牵头组织。专业质量主体为专业负责人,对照专业质量指标体系进行自诊。自诊结果依托综合分析与决策支持平台汇总分析,专业负责人、分院教学负责人、学校教务处的质量主体责任逐级落实。具体数据汇总流程为单个专业自诊—二级学院汇总形成自诊报告—学校汇总形成校级专业自诊报告,如图 4-6 所示。学校每学年进行一轮专业阶段自诊,覆盖所有运行专业,和人才培养方案修订与专业评价进程衔接。汇总分析结果为各级专业管理者提供管理与决策依据。

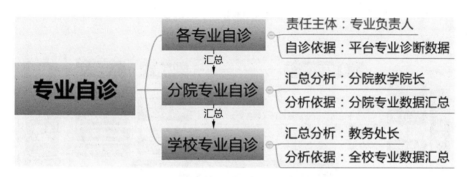

图 4-6 专业自诊组织分工与数据汇总分析流程

2. **专业自诊操作流程规范**

自诊流程依据专业"8"字形螺旋,共包含 13 个节点。为方便实施,在诊改制度设计中,学校将操作步骤简化成事前、事中、事后"三部曲"。

第一步:事前,节点为目标、标准。教务处牵头,指导专业负责人制订专业建设规划,制定人才培养方案,协调建立专业目标标准链,实现纵向衔接、横向贯通,围绕专业目标任务制定完善专业质量核心制度,保证规划执行的顺畅,保证目标达成度。

第二步:事中,节点为设计、组织、实施、监测、预警、改进,形成一个常态纠偏小循环。主要工作是专业负责人通过线上线下的动态数据,对实施过程中的质量行为进行规范,对出现的问题及时进行纠正,形成专业"常态纠偏"质量螺旋。

第三步：事后，节点为诊断、激励、学习、创新、改进、目标。其终点也是"8"字形螺旋的起点，形成质量的"阶段改进"螺旋。专业负责人按学年对照专业自诊指标测量结果，对标专业建设标准，诊断存在的问题，分析原因，提出改进策略，并撰写专业自诊报告。

（二）事前设定目标标准，精心打造"两链"

依据《无锡职业技术学院专业诊改实施方案》，学校研究专业建设及专业教学的"双线运行"特点及核心要素，明析规划目标、工作标准、主要任务及监控形式等流程，其中，专业建设以本专业建设规划确定的专业建设目标等级（A+、A、B、C等级）为依据，关注建设成效，聚焦"技术技能积累、教育资源（师资、基地、课程资源等）建设、专业国际化、信息化教学、学生成长成才"等要素。专业教学以专业人才培养方案为目标源头，聚焦"专业调研、课程优化、课堂教学、教研活动"等要素，形成"双线运行"的专业诊改"两链"，如图4-7所示。

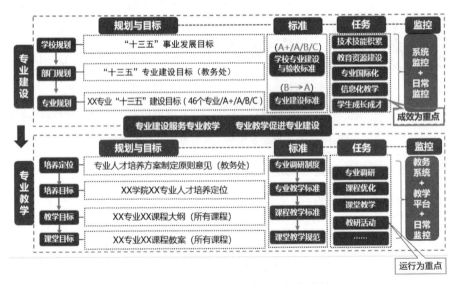

图4-7 "双线运行"的专业目标标准链

1. 专业建设"两链"打造

通过对学校专业现状的SWOT分析，教务处遵循学校事业发展规划，对接科研、国际化、师资、学生等分规划的核心指标，负责制订学校专业建设总规划，实现横向联动，并围绕"技术技能积累、教育资源（师资、基地、课程资源等）建设、专业国际化、信息化教学、学生成长成才"等要素，明确各项三级指标的工作标准（质量、效率、可测、数据化或质化），分解到年度，形成校级专业建设目标、标准。各专业按照自身现状及建设目标等级（A+、A、B、C等级），分别制订本专业建设规划、目标及任务，并分解到年度，实现上下贯通，如图4-8所示。

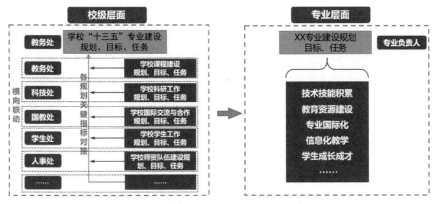

图4-8　专业建设"两链"

2. 专业教学"两链"打造

教务处负责制定学校人才培养方案制定原则意见，并出台、完善专业教学标准、课程标准及课堂教学规范等相关指导意见，形成校级专业教学目标、标准，如图4-9所示。各专业按照相关意见，完善优化本专业人才培养方案、课程大纲及课堂教案，使得课堂教学目标支撑课程目标，课程目标支撑专业人才培养目标，形成映射关系。围绕"专业调研、课程优化、

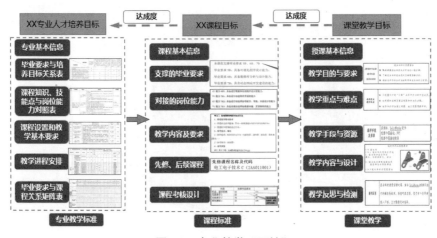

图4-9　专业教学"两链"

课堂教学、教研活动"等工作内容，明确工作标准（质量、效率、可测、数据化或质化），制定工作目标及任务，并分解到年度。

（三）事中进行监测预警，开展常态纠偏

1. 专业建设运行实施

（1）聚焦产业，动态优化专业结构。学校紧盯地方产业经济发展需要，规范专业调研制度，出台专业评价标准，结合专业诊改，同步试行专业评价，形成专业调整机制。如2017年停招自动化生产设备应用等3个专业，新增光电制造与应用技术、移动应用开发等专业，2018新增云计算技术与应用、新能源汽车技术等专业，运行的专业总数稳定在45个左右。2018年在校生数量排前15的专业总人数为7 042人，占当年在校生总数的57.42%。这些专业对接高端装备制造业、物联网、汽车服务、制造业服务、商务外语等江苏省和无锡市当前重点发展产业。

（2）三级统筹，建设智造专业集群。为适应智能制造产业集群发展需要，服务智能制造特色校发展目标，学校出台《智能制造专业集群建设原则意见》，以机械技术、控制技术、汽车与交通技术、制造业服务、物联网技术这5个与先进制造业密切相关的专业群为主体建设智能制造专业集群，如图4-10所示。健全集群运行机制，集成各专业群基地、师资等优质资源，构建以核心专业引领、各专业协同发展的专业布局，形成了管理集约的优势。

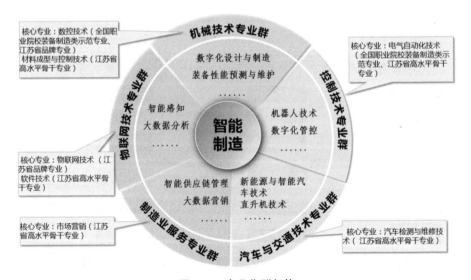

图4-10 专业集群架构

学校以专业集群建设任务为重点，开发应用系统，全面监控各项任务实施进程。将专业集群等建设任务分解为 5 个二级项目、35 个三级项目，明确每级项目的责任人、年度建设目标和验收要点，通过管理平台进行过程监控，如图 4-11 所示。

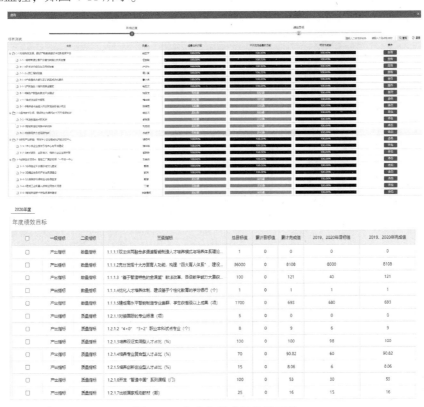

图 4-11　专业集群建设监控系统

（3）技术引领，提升专业服务水平。学校以主持研制智能制造国家标准为引领，各骨干专业协同服务区域行业企业智能制造转型升级，教师主持、参与无锡智能制造三年行动计划重点项目，促进专业技术研发成果转化、技术服务及培训等方面效能的提高。学校以江苏省传感网工程技术研究开发中心、无锡市物联网信息融合关键技术公共服务平台等为依托，组建团队，服务区域企业技术革新，打造技术引领型教学团队。新增省级科技创新团队 3 个，新增省级公共技术服务平台、工程中心 3 个。通过科研管理系统，在线开展科技项目管理、经费管理、成果管理，并实时采集业务数据、报表和分析，有效支撑专业诊改，如图 4-12 所示。

图 4-12 科研管理系统

（4）系统积累，开发优质教育资源。学校树立"汇聚建设、系统积累"理念，基于国家标准的制定，以职业能力标准为纽带，采用"跨前、跨境、跨界"的"三跨"模式开发优质教学资源，即技术研发先行，跨前开发优质教学资源；引进发达国家优质资源，跨境开发优质教学资源；实行政行企校共建共享，跨界开发优质教学资源。

学校完善制度保障体系，制定优质资源建设标准，通过教学管理系统实施透明管理，提高资源利用效率和共享性。出台《数字化教学平台管理与使用办法》，规范教学资源建设及使用情况，通过平台进行实时监控分析，进行期初、期中、期末三次检查、反馈，促进优质资源的建设与应用。

2. 专业教学运行实施

（1）双标同步，优化专业教学标准。学校以技术技能积累为基础，通过资源转化、工匠培育、新工艺和新规范引入回哺教学，实现国家标准研制、技术标准开发与专业教学标准同步优化。每年发布专业人才培养方案制定原则意见，指导专业人才培养方案优化迭代。自 2016 年起先后增加毕业要求与培养目标关系矩阵表、核心知识点与岗位能力对接表及课程地图等，动态更新课程内容，持续完善成果导向的专业课程体系，如图 4-13 所示。

图 4-13　专业标准优化迭代

各专业每年按照设定的工作时间轴，通过技术分析、企业调研、专业研讨，梳理专业岗位职业能力，修订毕业要求，进行课程内容升级。如机械设计与制造专业 2018 年修订后的毕业要求 9，增加了现代制造技术与智能制造等内容，涉及 9-1、9-2、9-4 共 3 个指标点的修订，指标点相对应的课程就进行同步升级更新，如图 4-14 所示。

图 4-14 机械设计与制造专业课程内容升级案例

（2）聚焦学情，服务学生多元成才。学校出台《学分银行管理制度》，开展基于个性化教育的学分银行制度改革，拓展学生成长成才通道，形成个性化、多渠道人才培养机制，完善"两融合、一对接"卓越技术技能人才培养模式。2017 年，在前期创新班试点教育经验总结的基础上，学校与无锡市机械工业联合会、开源机床厂等共建独立运行的开源创新学院，实施小班化教学，培养拔尖创新创业人才。2016 年，汽车检测与维修、旅游管理 2 个专业获批教育部现代学徒制试点专业，学校代表无锡市出台现代学徒制系列标准。

（3）透明管理，提升教学管理水平。学校建成覆盖人才培养方案制定、大纲制定、授课计划制订、课堂教学（含实践教学、校外实习及毕业设计）、教学日志填写、质量监控等完整教学活动的综合教学管理系统，如图 4-15 所示，实现高效、便捷的全流程的网络化管理，并通过中间数据库，将教学运行的状态数据同步发送给校情分析决策平台，为教学诊断提供数据支撑。教学日志、实训日志等基础数据来源于授课计划。教学日志详细记载当次授课时间、地点，学生考勤情况则被实时推送至信息中心，作为常态预警基础数据。教师还可以对当次课的学时、内容进行调整并提出建议，作为下一轮人才培养方案修订的依据。

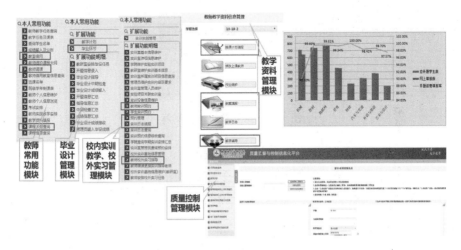

图 4-15　综合教学管理系统

（4）平台支撑，助力课堂教学"灰箱"透明化。学校出台《全课程信息化工作管理办法》《优质在线开放课程建设标准》《全课程信息化建设要求》等文件，推进"全体教师运用信息技术开展教学、全体学生利用信息化资源进行学习、数字资源运用覆盖全部课程"，推动课堂教学革命。截至 2018 年年底，全校在网络教学平台上线课程 1 300 多门，新增 18 门课程入选省级在线开放课程建设，申获国家在线开放课程 2 门。

学校通过推行全课程信息化，使得课堂教学的"灰箱"逐渐透明化，为专业及课程诊改提供多维、海量的数据支撑，通过课堂质量信息的动态采集分析，规范教师的教学行为，实现课堂教学常态纠偏，如图 4-16 所示，同时有效促进教与学的良性互动。如通过对访问量、师生交流频次的统计分析，推进高质量教学资源的建设与课堂应用；通过采用随堂测试软件、试题库随机组卷、手机随堂测试答题应用，帮助教师及时调整课堂策略，改进教学质量。

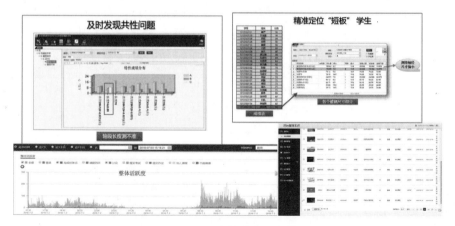

图 4-16　课堂教学常态纠偏

（四）事后开展诊断改进，实现螺旋提升

学校每学年开展一次专业阶段自诊，覆盖所有运行专业。各专业以平台汇总的指标数据为基础，对标本专业建设目标、标准，分析存在的问题，提出改进措施，总结改进成效，实现螺旋提升，在校情综合分析与决策支持平台中，对专业阶段 61 个自诊指标监测分析，形成专业自诊表，并据此撰写自诊报告。图 4-17 为软件技术专业 2017 年度自诊报告。软件专业负责

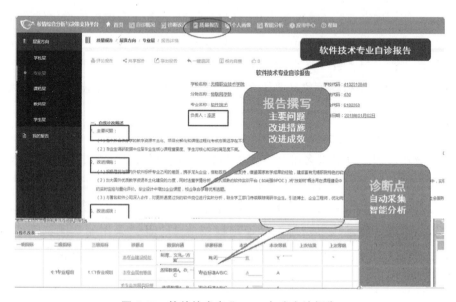

图 4-17　软件技术专业 2017 年度自诊报告

人对测量数据进行纵横向对比分析，发现 2017 年实训课程成绩优秀率达成度、毕业设计成绩的优秀率达成度等级为 C 级后，在 2018 年实施了"将技能熟练度学生能力模型用于教学过程，实现学生专业技能的实时监控与量化评价，建立创新工坊，构建创新系列课程，柔性共享资源"等改进措施，使得该 2 项指标数据等级 2018 年均提升至 B 级。同时，该专业针对 2018 年自诊发现的毕业生核心知识满足度指标数值偏低问题，提出"针对人工智能等新技术崛起，进行核心技术的调研、岗位分析、职业能力与学习模块的梳理，将学习模块先加入专业选修课"措施，列入专业 2019 年度建设任务并按计划实施。

四、三级联动专业自诊，为专业决策与管理提供依据

2018 年，学校形成 46 份专业自诊报告、8 份教学院系专业自诊报告和 1 份学校专业自诊报告。通过专业自诊、分院汇总分析、学校汇总分析三级联动，有力推动了"数据信息流"沿"专业负责人—分院教学院长—学校专业层负责人"路径流动，"预警反馈流"沿"学校专业层负责人—分院教学院长—专业负责人"路径流动，实现了从点（单专业）到面（分院、学校）的综合自诊，既为单专业阶段建设把脉，也为二级学院及学校专业总建设情况问诊，服务学校的综合决策。图 4-18 为专业自诊流程与三级专业自诊报告。

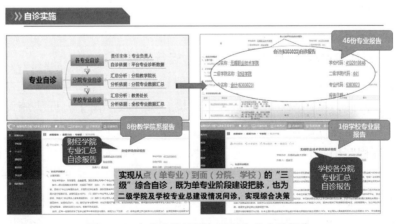

图 4-18　专业自诊流程与三级专业自诊报告

2012 年学校实施了院系调整，实施"以群建院"，以 8 个专业群为主体组建了 8 个教学分院。从专业群建设角度出发，分院的专业汇总具有极强的必然性和应然性。通过分院专业汇总，学校对标专业群建设目标，不断完善专业群内部运行机制，优化专业群结构，推进专业群课程体系优化，增强专业群服务产业能力。

教务处通过专业汇总，分析全校专业运行总体情况，形成学校专业自诊报告，既能反馈并指导各专业建设，又为学校综合决策提供依据。如教务处发现2017年专业汇总中"专业生均教育经费占比达成度"指标为B级，2018年通过加大教学内涵建设投入将该指标提升至A级；通过分析"专任教师双师素质占比""毕业要求达成度"等数据变化，推动学校出台政策，实施"双师"队伍建设工程、学分银行改革等。

4.3 课程层面案例

加强课程建设，推进工学结合，实施校企协同育人，是高职学校落实立德树人根本任务，培养高素质技术技能型人才的使命与担当。滨州职业学院作为山东省高职诊改秘书处单位，积极推进诊改工作，聚焦主体多元化、管理目标化、实施标准化、数据信息化的课程质量保证体系的构建和实施，在不断探索实践中，形成了"双螺旋""教、学、考、管、评"五位一体课程质量诊断与改进机制。该校在课程诊改实践中积累了很多好经验、好做法，值得学习与借鉴。

一、课程诊改工作举措

（一）构建课程质量诊改"双螺旋"运行机制

课程质量生成包含三个阶段，一是课程建设，二是课程教学，三是课程评价。因此，滨州职业学院从课程建设、课程教学两个方面实施课程诊改，分别制定课程建设目标和课程教学目标，构建了"学校—院部—专业—单门课程"衔接贯通的课程建设目标链和"专业人才培养目标—课程教学目标—课堂教学目标"的课程教学目标链，并分别制定相应的标准，通过组织、实施、监测、预警、诊断、改进等，构建了并行的课程质量诊改"双螺旋"运行机制，保障了课程质量。课程建设与课程教学诊改思路如图4-19、图4-20所示。

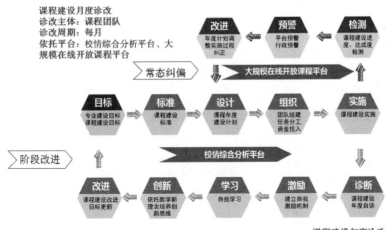

图 4-19　单门课程"课程建设"诊改螺旋

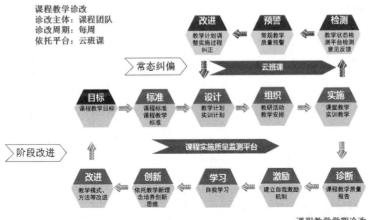

图 4-20　单门课程"课程教学"诊改螺旋

（二）校企一体育人，建立课程多元管理主体

滨州职业学院深化校企合作，成立校企合作董事会或理事会，形成紧密型合作办学体制机制。聘请著名课程专家为客座教授，参与课程开发、建设及管理，培养教师课程理念。成立学校层面及二级学院层面的专业教

学指导委员会、课程建设指导委员会。构建学校（专家、企业）、院部（企业）、专业、教师及学生四级课程管理体制。要求全部专任教师参与课程建设、实施，并对负责的课程进行自我监测、预警、诊断、改进，激发了教师内在的课程质量管理动力。具体职责分配情况见表4-3。

表4-3 课程管理主体管理职责分配

主体	课程开发	课程实施	课程评价	课程运行监控
课程专家	项目化课程理念培训及开发过程技术路线的指导等	项目化课程教学理念及教学模式指导等	评价学校是否具备执行课程标准的条件、课程实施是否执行课程标准等	对学校在课程设计、实施、评价等方面工作做宏观督导，并提出改进意见
企业	提供企业人才需求真实情况、行业企业的主流技术、工作任务及岗位能力分析、课程标准编制、企业项目开发等	实训课及顶岗实习指导	评价课程及内容是否满足企业的需求	监控课程及内容、实训条件、实训过程、人才培养是否满足企业需求，并提出改进意见
教师	市场调研、课程结构分析、课程标准编制、教学项目设计开发、教材编写等	采用项目化教学模式组织教学、编制教案等教学资料等	评价课程及内容是否满足企业的需求，课程标准是否落地，课程的教学模式、课程资料是否符合项目化教学要求等	对同行及自身课程开发、课程实施、课程评价的质量进行实时、全面监控、预警、改进等
学生	提供职业志趣、课程需求、知识储备基础等	课堂教学的主体，实时反馈教师课程质量、教学模式及标准落实情况等	评价课程、内容、实践条件是否满足就业需求及符合课程标准	监控课程及内容是否满足就业需求，课程实施模式、资源、实训条件是否符合标准，教师工作态度是否积极等，并提出改进意见
学校管理人员	组织开发论证会，提供政策支持、条件保障	提供支持、课程教学条件等保障，组织线上及线下教学模式、课程目标、课程内容等检查	组织线上及线下的课程评价等	对线上及线下课程质量进行实时监控、反馈、预警、改进等

（三）制定"三阶段、四类型、与时俱进、动态建设"的课程质量管理标准体系

学校构建达标课程、院级精品资源共享课程、省级精品资源共享课程、国家在线开放课程三级四类课程建设体系。针对课程运行的三个阶段——课程开发、课程实施和课程评价，按照公共课、专业基础课、专业课等不同类型课程特点，分目标、分阶段、分类型地建设课程文件质量要素及管理要素标准105个、课程质量标准606个、诊断点112个，并根据人才培养模式及岗位需求的变化动态调整。明确影响课程质量的要素，保证课程质量的方向和标准，如图4-21所示。

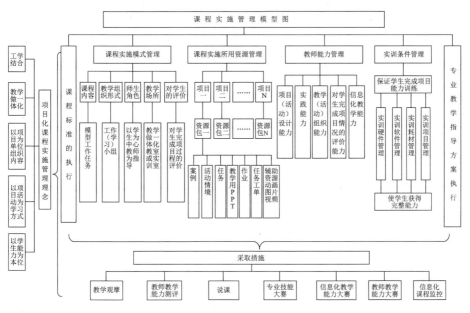

图4-21 课程实施质量要素模型图

（四）建设"教、学、考、管、评"五位一体课程质量保障平台

学校建设了"云班课""云教学数据管理平台""课程实施质量监测平台"，实现了课堂教学师生行为数据的实时抓取和分析。教师使用"云班课"平台组织课堂教学，课前上传学习资料，课中组织学生考勤，开展讨论、活动及测试，课后组织学生评价。平台记录课堂教与学过程性行为，并基于数据分析，自动生成按时段的教师教学报告和学生学习报告（图4-22），实现教学过程实时监测、预警和阶段诊断。各级教学管理者使用"云教学

数据管理平台",根据职责权限,实时掌握部门、教师与学生的课堂教学和学习情况,如考勤、教学任务完成情况、活动组织次数及内容、师生互评结果等,及时做好监控和预警提醒。有关部门使用"课程实施质量监测平台",提前把每门课程的教学标准录入平台。通过"云班课"师生行为数据,系统自动分析本门课程教学目标、标准的达成度,如教学内容完成度、教学资源的使用度、学生的成绩等,阶段性或在学期末自动生成课程实施质量报告。三个平台数据实时共享,实现了学校课堂教学"教、学、考、管、评"的五位一体,保证了课程教学的质量。

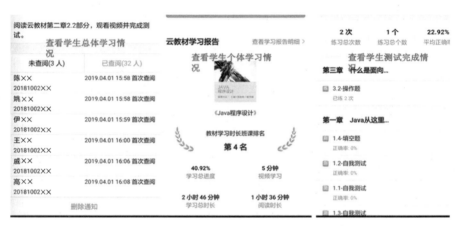

图 4-22　学生学习报告

（五）形成"多元化、目标化、标准化、过程化、信息化"课程质量保证体系

学校建立课程质量目标,形成企业、课程专家、教师、学生等多元管理主体,制定并实施课程质量标准和管理标准;通过对课堂教学中的关键要素进行分析,及时抓取课堂有效数据,对课堂具体行为进行监控、比对和预警,促使教师进行教学行为调整,保证课程诊改实效;聚焦课堂教学,借助课程平台,实现过程监控,及时预警处理,建立课程质量监控评价反馈改进体系,从而构建了全面保障课程质量的组织与程序系统。

二、课程诊改工作取得成效

2016 年,学校成为高等职业院校教学诊改工作国家试点院校,制定了《滨州职业学院内部质量保证体系诊断与改进工作实施方案》,全面启动了教学诊改工作,从而把课程建设、课程教学改革推向新的高度。

（一）质量标准政府采纳

学校制定的专业调研报告、教学计划、课程标准编写体例和课程设置理念、课程设计思路、课程内容开发和课程教学实施模式和方法，以及精品资源共享课程建设标准，被《山东省教育厅 山东省财政厅关于全面启动高等职业教育专业教学指导方案开发工作的意见》（鲁教职发〔2015〕4号）、《山东省教育厅关于启动职业教育精品资源共享课程建设的通知》（鲁教职字〔2016〕37号）等文件采纳，辐射山东省所有高职院校，已被用于指导132个三年制高等职业教育专业教学指导方案开发和600门精品资源共享课程的立项，对山东省高职教育专业建设及课程建设发挥了重要作用。

（二）课程建设成果丰硕

学校建设国家级精品课程和精品资源共享课程5门，省级精品课程和精品资源共享课程72门，编写教材104种，牵头山东省专业教学指导方案开发6项。

（三）教学质量显著提升

2018年，学校被认定为山东省现代化课堂教学试点院校，通过"教、学、考、管、评"五位一体课程质量保证平台建设与应用，完成647门课程的自我诊改，使课程教学质量显著提升，学生对课程质量满意度从3年前的83.0%提高到96.5%，企业对课程质量满意度从3年前的85.0%提高到95.3%。

（四）诊改复核成绩优异

学校于2019年12月顺利通过全国教学诊改工作复核。复核专家对课程层面诊改工作给予高度评价。

4.4 教师层面案例

教师是学校实施人才培养和服务社会的主体，对高职院校提升人才培养质量至关重要。建立教师专业化发展路径，不断完善和丰富教师成长机制，对增强教师能力具有十分重要的作用。黄河水利职业技术学院以开展教师层面诊改为契机，根据学校事业发展规划，编制学校、二级单位、专业教学团队三级师资队伍建设规划和分年度师资队伍规划，形成了从学校到个人的五级目标链；设置了教师入职、合格、发展、考核的成长标准，打造了基于职称梯级和基于职业梯级的"双梯级"标准链，实现了"两链"上下支撑衔接，教师个人与学校发展相统一。该校的相关经验值得学习与借鉴。

一、明确教师发展目标，制订发展标准规划

1. 目标链的打造

黄河水利职业技术学院依据《黄河水利职业技术学院 2016—2020 年发展规划》，编制了学校层面师资队伍建设规划和分年度师资队伍规划，从高层次人才引进、"双师"师资队伍建设、师资培训、人才项目等 4 个维度明确了学校师资队伍建设的 17 个具体目标。依据学校师资队伍建设目标，校内 14 个教学单位分别编制了 2016—2020 师资队伍建设规划和年度计划，60 个专业教学团队也根据对应教学单位的目标编制了团队师资队伍建设规划和年度计划，从而贯通了目标链。

教师个人根据院（部）规划、专业团队规划及自身基础制订 2018—2020 年的三年职业发展规划，从师德师风、教学教研、科研与技术服务和专业发展 4 个维度出发，针对 15 个要素、40 项具体指标设定了目标任务值；同时还制订了每一年度的工作计划，形成了从学校到个人的五级目标链，实现了教师个人与学校发展相统一。

2. 标准链的打造

学校关注教师的成长历程，设置了教师入职、合格、发展、考核的成长标准；聚焦教师发展标准，打造了基于职称梯级的"初级—中级—副高级—正高级"和基于职业梯级的"青年教师—骨干教师—教学名师—领军人才"的"双梯级"标准链，如图 4-23 所示。

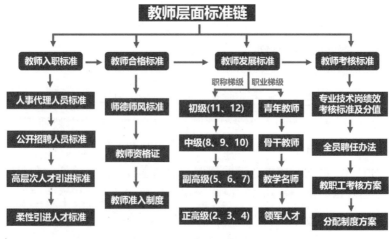

图 4-23　教师层面标准链

为了确保师资队伍建设工作质量逐年提升，学校还针对各级专业技术人员制定了绩效考核的最低标准。

3. "8"字形螺旋的建立和运行

学校层面师资队伍建设工作：依据每年的师资队伍建设规划，在智慧校园目标管理平台记录工作完成情况，撰写年度质量报告，分析任务完成情况、取得的成绩及未完成目标的原因，提出下一步改进的措施。将每年度的各项任务进程细化到每个季度，通过实时监测，对到期未完成的任务进行预警，督促责任人及时进行改进。

教师个人根据制订的三年职业发展规划，按照标准稳步发展。教师发展中心平台实时记录教师成长轨迹，并对所有指标进行实时监测，发现问题会及时发出预警，促进教师自我完善与改进。年底教师考核时系统会自动将教师年度目标完成情况导入考核表，作为年度考核的重要指标，督促教师自我诊断、自我改进。

二、建设信息管理平台，有效实施自主诊改

黄河水利职业技术学院以教学诊改为契机开展了基于大数据的现代治理探索，"让数据说话、用数据决策、靠数据管理"，争做教育评价制度改革的先行者。学校遵循"需求导向、自我保证、多元诊断、重在改进"的十六字方针和诊改八大核心理念，构建了网络化、全覆盖、具有较强预警功能和激励作用的内部质量保证体系，打通了信息孤岛，建设了功能强大的信息化网络平台，为学校"双师""双能""双语""双创""双带头人"的"五双"教师培养和诊改提供了有力的支撑，实现了师资队伍管理现代化。

1. 利用"教师发展中心"实施诊改

在师资队伍建设过程中，学校将年度建设目标分解到季度，录入"教师发展中心"平台并设置预警值，按季度实施监测预警，并通过信息平台对师德师风建设情况、教育教学情况、生师比、"双师"素质比例、教师培训、企业实践人数等数据进行实时采集，将结果与目标值进行分析对比，及时发现问题，向相关部门进行反馈，督促责任人进行及时改进。年末，"教师发展中心"平台自动分析年度建设计划的完成情况，学校则依托分析结果开展师资队伍建设的诊断改进，并形成工作质量报告。

在教师个人发展方面，学校将每名教师2018—2020年的三年职业发展

规划导入"教师发展中心",对师德师风、教学教研、科研与技术服务、教师发展4个诊断项目共计36个诊断点开展实时监测。教师完成某项任务后实时将其填入"教师发展中心"平台,平台则按照量化标准积分,并按季度进行预警。教师的个人年度得分不能低于三年规划得分的三分之一,三年内的总得分不能低于学校设定的最低分。"教师发展中心"的教师界面如图4-24所示。

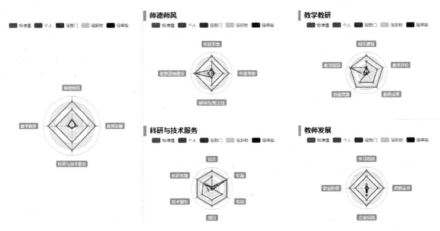

图4-24 "教师发展中心"的教师界面

2. 借助"教师画像"明确个人位置

为了帮助教师更准确地了解自己在学校、专业中的位置,同时实现对教师的精细化管理,黄河水利职业技术学院基于大数据构建了"教师画像"分析平台。该平台可以实时呈现教师在师德师风、教学教研、科研与技术服务、教师发展四个方面的发展态势,教师则可以随时通过该平台将个人情况与部门、同职称、同年龄教师的情况进行对比,也可同校内任意专任教师的相关情况进行详细对比。这在教师之间形成了良性竞争的氛围,有效激发了教师发展的内生动力,促进了教师自我诊改。"教师画像"界面如图4-25所示。

	得分	全校均值
基本情况	0.7	0.68
课堂教学组织	0.33	1.04
课堂活跃度	8	5.39
教师课后辅导	0	2.97
教学目标达成度	7.62	6.57
学生学习情况	3.14	5.04
教学资源建设	3.6	1.9
教学评价	3.1	0.7
科研及创新能力	3.16	0.85
智慧课堂教学情况	1.5	2.21

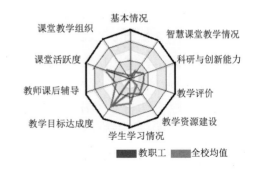

图 4-25 "教师画像"界面

三、完善保障激励制度，建立外部干预机制

为了避免教师在达到一定年龄或成就后缺乏发展动力的问题，黄河水利职业技术学院在不断激发教师内生动力的同时，建立了外部干预机制，从内部与外部双向发力，确保师资队伍稳健、持续发展。

1. 不断完善制度体系

学校以教学诊改为契机，依据教师的发展梳理了学校管控事项，制定或完善了教师入职制度 4 个、教师合格制度 3 个、教师发展制度 20 个、教师考核制度 1 个，形成了"做事有依据、办事有流程、过程有记录、执行有效率"的四有工作机制。同时制定《制度建设管理办法》，对制度的编制需求、起草、审批、执行、年度评审、修订、废止等全生命周期进行管理，实现以制度管制度，推进制度建设的规范化、系统化、流程化和信息化，确保制度执行有效，推动了教师管理的规范化。

2. 营造浓厚质量氛围

为了激励教师更好地参与诊改，黄河水利职业技术学院分别从师德师风建设、岗位晋升竞聘、教师分类别分层次培养、职称晋升、绩效考核五个方面出台了实施细则，开展各类表彰活动，鼓励先进、树立典型，形成了"人人需要诊改、人人参与诊改、人人都有收益"的质量文化氛围，使现代质量观深入人心，有力推动了学校各项事业的发展。

四、推进诊改常态化运行，提升师资整体水平

教学诊改已经作为黄河水利职业技术学院的常态化工作被持续推进。学校的内部质量保证体系基本形成，办学质量明显提升，师资队伍实现了高质量发展。

1. 师德师风长效机制已经形成

学校通过各项师德师风建设活动，进一步明确了新时期师德规范的新要求、新内涵，增强了广大教师遵守师德规范的自觉性和责任感。制定了学校《师德师风建设长效机制》等规章制度，并在评先评优、职称评审、等级晋升等工作中将师德师风列为重要条件，对有违师德的重大事件实行一票否决制，促进了学校师德师风建设。

2. 高层次人才数量显著增加

近年来，学校高层次人才引培数量逐年增加，师资队伍整体水平得到了较大提升。学校2016—2018年引培高层次人才数量如表4-4所示。

表4-4 黄河水利职业技术学院2016—2018年引培高层次人才数量表

单位：名

序号	项目	2016年	2017年	2018年
1	专任教师	738	806	840
2	高层次引进人才（博士）	0	7	14
3	在职培养博士	0	7	6
4	招聘教师人数	22	45	55
5	高级职称评审通过人数	19	22	25
6	新增国家级人才项目、优秀教师	0	1	0
7	新增省级人才项目、优秀教师	1	2	6
8	新增厅级人才项目、优秀教师	13	14	15

3. "双师"教师团队建设进一步加强

开展诊改以来，学校共建设大师工作室21个，聘请了21名企业、行业高层次人才，聘任兼职教师382名，组建了兼职教师库。专任教师中"双师型"教师比例达到90%。学校新增水利行业"双师型"教师60名，培养青年骨干教师近30名。

4.5 学生层面案例

服务学生全面成长是学校落实立德树人根本任务，践行为党育人、为国育才使命所在。淄博职业学院学生层面诊改工作以学生为中心，遵循高职教育和人才成长规律，聚焦"培养学生就业竞争力和发展潜力"的核心发展目标，构建学生全面发展的目标与标准体系，指导学生从思想政治素质、科学文化素质、身心健康素质、实践能力素质4个维度，政治表现、价值观念、道德品质等24个要素出发规划未来发展，关注学生成长轨迹，促进学生全面发展。该校在学生层面诊改工作方面取得了一定的成果，其相关经验值得学习与借鉴。

一、强化顶层设计，全方位指导学生制订成长成才规划

（一）强化顶层设计引领，科学制定学生全面发展目标与标准

（1）系统构建学生层面全面发展目标体系。学校聚焦"培养学生就业竞争力和发展潜力"的核心发展目标，以学生处作为学生层面诊改工作的牵头部门，组织校企合作与就业指导处、团委、创新创业学院、各系院等相关部门，对学生全面发展内涵进行精准调研、深入研究、科学论证，准确界定与解析学生全面发展内涵——学生素质的全面发展（主要包括思想政治素质、科学文化素质、身心健康素质和实践能力素质四个方面全面、协调、可持续发展）。在此基础上，依据学校"十三五"事业发展规划以及学生全面发展规划，构建逻辑严谨、层级分明、内容关联的学生全面发展目标体系，如图4-26所示。

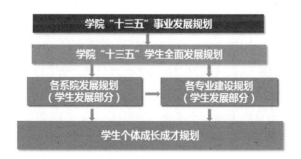

图4-26　淄博职业学院学生全面发展目标体系

（2）建立健全学生全面发展质量标准体系。学校围绕学生全面发展目标体系，逐步完善学生全面发展质量标准体系，如图4-27所示。一方面引导学生自主学习，保证质量生成的品质，自主规划在校期间的"德智体美劳"，努力实现全面发展的目标；另一方面利用学生自我成长的有痕记录形成的大数据改进学校的人才培养模式以及运行体系。

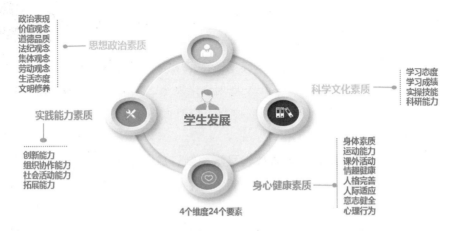

图 4-27　淄博职业学院学生全面发展质量标准构成要素

（二）推进方案分步实施，全面指导学生完成成长成才规划

（1）设计符合学生成长规律的成长成才规划模板。根据学生全面发展目标体系和标准体系，学生处组织相关部门对学生成长成才规划工作进行了系统研究。在已开展的学生职业生涯发展规划基础上，依据学生成长规律和学生管理实际，制定并实施《淄博职业学院学生成长成才规划工作指导意见》，设计统一的学生成长成才规划模板，并系统指导全体学生制订自己的成长成才规划，逐步构建规范化、常态化、个性化的学生成长成才规划工作体系。

《大学生成长成才规划书》主要内容包括基本信息、SWOT分析结果、基础情况、成长成才规划（长期目标即职业目标、短期目标）、成长成才措施、成长成才诊断等方面，指导学生从思想政治素质、科学文化素质、身心健康素质、实践能力素质4个维度全面规划未来的职业发展以及在校期间的学习成长。

（2）制定详细的规划填写指南。《淄博职业学院〈大学生成长成才规划书〉填写指南》从发展目标和诊断维度两个方面对大学生成长成才的内涵进行了详细解读，明确了《大学生成长成才规划书》填写流程：学生入学后第一学期填写基本信息、SWOT分析结果、基础情况、成长成才规划、成长成才措施，导师则负责指导和审核，与学生达成一致意见后提交备案；学生从第二学年开始，每学年初填写成长成才诊断情况，导师则负责指导和审核，与学生达成一致意见后提交备案。该指南对《大学生成长成才规划书》中的每一项都做了填写说明。

（3）系院具体指导规划填写工作。学生处制定并发布《学生全面发展质量保证体系建设工作方案》，将学生成长成才规划制订工作列入部门工作计划，并召开专题工作调度会，对相关工作进行培训和部署。各系院根据学生处的统一部署，安排班级导师具体指导学生在学生发展中心填写《大学生成长成才规划书》。

二、建成学生发展中心，及时预警学生成长相关情况

（一）建成支持、诊断、保证"三位一体"的学生发展中心

根据本校学生数量多、校区分散、管理难度大等特点，学校以诊改试点工作为契机，革新传统线下管理服务模式，建设了支持、诊断、保证"三位一体"的学生发展中心，旨在构建多方协同创新、服务学生全面发展的工作联动机制和服务体系，打造学生自我教育、自我管理、自我服务的活动新阵地。学生发展中心能够呈现诸如学生基本信息、班级管理、学习情况、心理健康、资助服务、学生社团、学生素质测评等有关学生发展的指标数据，及时反映学生的不足并及时预警，定期生成《学生个人发展质量报告》，助力学生明确上一阶段个人发展基本情况，确立下一阶段发展目标及改进措施。学生可以通过学生发展中心平台随时随地查看、获取在校学习的各种信息与数据，全面、及时了解自己的成长现状，完成个人事务办理，实现各类在线自助服务。

（二）建立学生全面发展质量诊断体系

学校在建立学生全面发展目标体系和标准体系的基础上，建立健全的以自主发展为特征的学生全面发展质量诊断体系，修订了《淄博职业学院学生全面发展质量管理办法（试行）》，不断优化学生综合素质标准，充分运用大数据等信息技术，依据学生发展关键指标数据分析，科学呈现学生成长轨迹，实现学生综合素质诊断模块化数字预警，引领学生健康、自主、全面成长。

学校依托学生发展中心，对学生发展质量进行量化赋分，实现学生发展质量信息化，建立科学全面的学生发展质量诊断体系，如表4-5所示。

学生发展质量总分＝思想政治素质分值×20%＋科学文化素质分值×60%＋身心健康素质分值×10%＋实践能力素质分值×10%。

思想政治素质分值＝基本分（80分）＋加分或减分

科学文化素质分值＝当学年各科学业成绩平均分+加分或者减分
身心健康素质分值＝基本分（80 分）+加分或减分
实践能力素质分值＝基本分（80 分）+加分或减分

表 4-5　淄博职业学院学生发展质量标准及预警一览表

诊断要素	标准值	目标值		预警值	数据来源
		良好	优秀		
思想政治素质	80 分	80 分<分值≤90 分	分值>90 分	分值<80 分	学生管理系统
科学文化素质	60 分	60 分<分值≤80 分	分值>80 分	大专生学期内期末考试成绩不及格数≥3 门，中专生学期内期末考试成绩不及格数≥4 门	教务管理系统
身心健康素质	80 分	80 分<分值≤90 分	分值>90 分	分值<80 分	教务管理系统 学生管理系统
实践能力素质	80 分	80 分<分值≤90 分	分值>90 分	分值<80 分	学生管理系统

注：学校统一设定标准值、预警值，各系院（专业）根据实际情况自行设定学生群体的目标值，学生据此设定自己的发展目标值。

（三）构建学生发展质量模块化预警机制

学校通过学生发展质量诊断模块化信息预警机制，实现学生发展质量过程性监控。对于出现预警值的学生，除了学生本人做好自警之外，辅导员将与学生家长密切配合，通过谈心谈话等多种形式共同做好学生的教育引导工作。

（四）实现学生发展质量多维度对比分析

学校对学生发展质量过程中的关键指标数据实施多维度对比分析（图 4-28）。一是根据学生不同学期、学年的相关核心数据整理出不同年度的数据变化曲线，实现学生纵向对比；二是根据学生本人在本专业、本年级、本班级的排名情况，实现学生横向对比；三是根据各发展要素数值与标准值、目标值的差距，实现学生差异对比。通过多维度对比，引导学生及时、准确地找到自身差距与不足，并全面、深入地分析原因，明确下一步努力方向，不断推动学生自我诊断、自我改进、循环提升。

图 4-28　淄博职业学院学生发展质量多维度对比分析

三、完善长效机制，学生成长分层次自主诊改成效凸显

（一）构建环环相扣的学生成长分层次自主诊改工作机制

学校成立了由学生处作为牵头部门的学生层面工作组。该工作组责任部门包括校企合作与就业指导处、团委、创新创业学院、各系院等部门，主要工作职责是负责学生全面发展目标体系和标准体系的建设工作以及学生发展中心的建设与运行工作等。学校制定并实施了《淄博职业学院学生层面自我诊改工作实施办法》。学生处统筹、各相关部门协同，履行各部门和各岗位的质量主体责任，依托学生发展中心逐步建立了环环相扣的学生成长分层次自主诊改工作长效机制，即学生处牵头的学生层面工作组关注学生总体成长、各系院关注各专业学生成长、辅导员关注班级学生成长、学生关注自我成长的长效工作机制。

（二）"说诊改"活动推动学生自主诊改工作持续运行

为持续推动诊改工作，2019 年 4 月学校发布并实施了《淄博职业学院"说诊改"活动实施方案》。全体师生员工结合 2018 年度已开展的自我诊改工作，公开交流自我诊改工作的成效、问题与改进措施，进一步加深了对诊改工作的认识，增强了质量主体意识。学校已将"说诊改"活动作为诊改工作的一项制度性安排列入常规工作清单，并定期开展。

(三）多维度推进学生自我诊断与自主发展成效凸显

诊改工作的顺利实施促进了学生综合素质的明显提升。学生通过纵向、横向和差异性对比进行自我诊断，通过模块化预警了解个体成长与发展的不足之处，明确下一步努力的方向和目标，从而实现自身的自我管理、自我发展和自我完善的循环提升。

切实履行主体责任，聚焦学生全面发展，力促学生成长成才，是学校人才培养的出发点和落脚点。作为国家示范性高职院校、全国优质高职院校，淄博职业学院运用大数据思维，创新性地开展工作，坚持全面与个性统一，注重发挥学生特长，激发学生潜能；充分发挥学生发展中心等信息化平台的作用，不断加强信息化服务能力，为学生自主发展和培养高素质技术技能人才奠定坚实基础和提供全员、全方位、全过程质量保证。

4.6 平台建设案例

信息化平台是诊改运行的必备条件，支撑了"事前、事中、事后"运行过程，体现了诊改运行轨迹，是促进学校管理精细化、服务精准化和决策科学化，提升学校治理体系和治理能力现代化水平的基础。常州工程职业技术学院坚持"应用导向、精细管理、精准服务"的信息化建设理念，结合学校实际需求，聚焦教学管理，服务师生需求，自主设计开发，并建成了十大信息化平台，实现了数据源头采集、实时采集、共用共享，管理透明高效，服务智能便捷，提升了学校办学水平和治理水平。该校在信息化平台建设方面的经验值得学习与借鉴。

一、强化顶层设计，做好资源保障

学校成立信息化建设领导小组，统筹并负责全校信息化建设。制定"十三五"教育信息化专项规划，明确信息化建设目标——为教师、学生、管理者、校友、家长、合作企业提供校园事务处理、移动学习和交流互动服务，实现校园管理智能化、教育过程信息化。整合校内外优质人才资源，创新用人机制，建立了一支集信息化规划咨询、应用系统研发、IT运维保障于一体的信息化专业队伍，有力保障了智能校园的规划、开发以及安全高效运行。

二、夯实基础保障，保障系统稳定

学校建成基于云计算平台的数据中心，如图 4-29 所示，实现服务器虚拟化和桌面虚拟化，使师生能够在校内、校外、不同终端之间实现个人云桌面的漫游，实现云端教学、办公和学习，改变了教学、办公和实训生态。建成一套性能线性增长的云存储系统，实现所有文件型数据的集中存储。构建有线、无线一体化网络，允许电信、移动、联通和教科网多运营商接入，实现动态智能选路，实现室内外 Wi-Fi 全覆盖、师生上网全免费。建成统一的 IT 综合业务管理平台，充分保障各信息化系统的稳定运行。建成可视、可查、可度量与可持续的安全态势感知运维服务平台，实现安全管理与网络管理一体化。学校在信息化基础保障上已形成网络一体化、存储集中化、桌面虚拟化、安全体系化、运维透明化、机制市场化的安全防护与运营维护保障体系。

图 4-29　数据中心体系图

三、建立数据中心，完善业务系统

1. 校本数据中心

学校基于统一的数据标准建立信息标准，搭建数据共享与交换平台，形成校本数据中心，消除信息孤岛，实现所有业务系统公共数据自动同步、各类诊改决策数据实时分析，如图 4-30 所示。

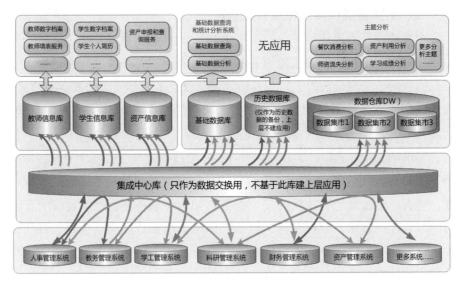

图 4-30　校本数据中心数据交换示意图

2. 统一身份认证，统一信息门户

数字化校园身份认证平台实现身份数据统一存储、统一管理、统一认证，实现全校各类应用系统一套账号密码体系的用户一站式登录，以及各类访问与操作安全审计。信息门户平台整合校园网内的信息和应用系统，为用户提供单一的访问入口。信息门户平台与数字化校园身份认证平台有效结合，让用户只需在信息门户登录一次，即可一站式访问门户中各种信息资源和应用系统。

3. 移动信息平台

基于微信企业号应用开发的移动信息平台具备云课堂在线教学、课堂考勤、事务审批、会议签到、党费缴纳、报表展示、智能应答、失物招领等功能，为师生提供随时随地的移动校园事务处理、移动学习和交流互动服务，如图 4-31 所示。

图 4-31 移动信息平台应用

4. 全业务系统平台

学校采用购买和自主建设的方式不断完善信息系统，在建设教务、财务、人事、学工、资产、后勤、招生、就业、图书、邮件、门禁、一卡通等各业务信息化系统之外，适应精细化管理需求，自主开发 OA 办公、行政值班、顶岗实习、智慧党建、问卷测评综合服务等业务系统，实现各项工作的全面信息化。

四、建设智能校园云平台，实现实时监测预警分析

学校建成支撑诊改的学校、专业、课程、教师、学生五个层面的涉及校务管理、专业发展、课程教学、教师发展、学生发展的智能校园云平台，实现运行数据源头即时采集、运行状态实时监测预警与分析，支撑质量保证体系协同高效运行，如图 4-32 所示。

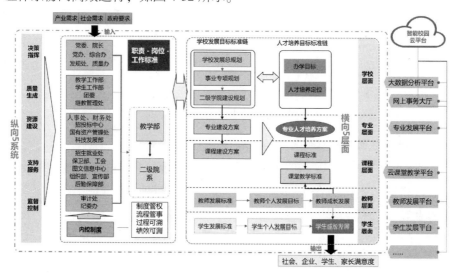

图 4-32 支撑诊改的平台建设

1. 学校层面的管理服务平台

学校梳理出组织机构管控事项和工作流程，建成师生网上办事大厅（图4-33），自主开发目标管理、采购立项、项目申报、经费报销、党员管理、干部请假、培训办班等241个线上流程。师生网上办事大厅实现了管理事务在线办理，实现了工作过程状态数据的实时采集，使运行流程规范化、管理扁平化、预警智能化、办理高效化、事务可溯化、信息透明化，支撑了组织系统高效协调联动，也有助于及时诊改工作。师生网上办事大厅运行以来，真正实现了"数据多跑路，教师少跑腿"，实现了"制度管权、流程管事、过程可溯、绩效可测"。

图4-33 师生网上办事大厅

2. 专业层面的管理服务平台

学校依托校本数据中心，建成专业发展平台（图4-34），通过招生就业、师资队伍、校企合作、学生发展等7个诊断项目、45个诊断要素观测专业建设进程和状态。各专业可依托平台对标诊断、发现问题、及时改进。

图 4-34　专业发展平台

3. 课程层面的管理服务平台

学校建成集教学、学习、考试、互动、数据分析于一体的在线教学平台和课堂质量诊断与改进系统（图 4-35），解决师生信息化课堂教学、课堂教学质量自我诊改、学校大数据分析运用几个层面的问题。云课堂日均进入人数达 5500 余人，通过课堂教学全过程信息化管理，实现课前、课中、课后全过程管理，有助于改善课堂教学，持续提高教学质量。"工程云课堂"使课堂教学公开透明、诊断信息实时共享，促成课堂数据改进。

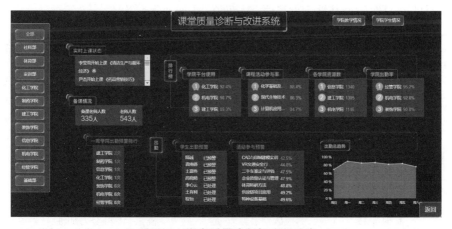

图 4-35　课堂质量诊断与改进系统

4. 教师层面的管理服务平台

学校建成教师发展平台（图 4-36），整合教师档案、教师业绩、教师个人职业生涯规划等内容，通过教师发展及业绩生成的雷达图，让教师自找差距、自定目标、自我诊断、自我改进,同时汇总生成教师发展大数据,以便职能部门、二级学院根据教师个人目标、目标完成情况、业务数据实现实时数据挖掘和分析,促进教师发展诊改。

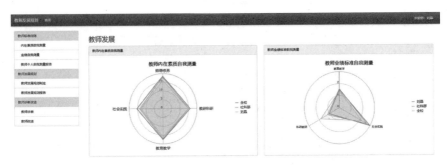

图 4-36　教师发展平台

5. 学生层面的管理服务平台

学校通过学生发展平台,实时采集学生成长发展状态数据(图 4-37),全面了解和监测学生发展状态。在促进学生自我分析、自定目标、自我监测预警、自我诊改之外,通过对学生群体诊断数据与学生成长趋势的分析,不断完善素质教育方案,有的放矢地开展各类主题教育和主题实践活动,为学生提供多元成长的平台;根据学生需求不断强化各类服务,提高教育活动的针对性与精准性,促进学生全面发展。

指标名称	参考值	目标值	达成值	诊改意见
学业发展				
学业特长				
早晚自习出勤率	100%	大于 90%	85%	请记得按时出勤
第二课堂出勤率	100%	大于 80%	85%	继续努力
学业成绩	100 分	大于 85 分	92 分	成绩不错,继续加油!
作业完成	100%	大于 95%	92%	请记得按时完成作业
技能特长				
计算机等级证书	是	是	否	要继续努力学习技能
外语等级证书	是	是	是	做得不错,继续加油
职业资格证书	是	是	是	表现不错,继续加油
其他证书	是	是	否	请再努力加油
职业发展				
职业规划大赛	是	是	否	要积极参加比赛活动
职业规划教育	是	是	是	表现不错,继续加油!

图 4-37　学生发展平台相关数据

6. 大数据智慧分析平台

学校建成大数据智慧分析平台（图 4-38）。该平台提供教职工、学生、教学、科研、招生、就业、资产、综合校情等不同主题的分析功能，为学校科学决策提供数据支持，实现资源效益的最大化；形成学校、专业、课程、教师、学生五个层面的数据"仪表盘"，形成监测预警大数据，为诊改提供数据支撑。

图 4-38　大数据智慧分析平台

五、形成自主开发特色，走技术输出之路

经过几年努力，常州工程职业技术学院建成国内较为先进的智能校园平台。自主开发多项应用系统，具有自主知识产权，申请自主开发软件著作权 18 项。智能校园建设获多家媒体报道，产生较大的社会影响。智能校园解决方案对外输出，为多家兄弟院校信息化建设提供借鉴。

第五章

高职院校诊改制度建设推进建议

众多高职院校依据"55821"体系架构,按照"事前设定目标标准、事中进行监测预警、事后开展诊断改进"流程,积极探索实践,自我诊断,持续改进,不断完善内部质量保证制度体系和运行机制,不断优化院校治理体系,有效促进了学校治理体系和治理能力现代化。然而,各高职院校在推进诊改制度建设的过程中还存在一些问题。本章将简要分析高职院校诊改制度建设存在的问题,并提出相关建议。

5.1 高职院校诊改制度建设存在的问题

参与调研的 758 所高职院校反映的诊改制度建设推进过程中存在的一些问题，概括起来主要有工作进展不平衡、院校内生动力不足及信息化建设水平有待提高等，这些问题也是深入推进诊改制度建设亟需解决的问题。

一、诊改工作重视程度有差异，工作进展还不够平衡

工作进展不平衡主要表现在省域之间、院校之间及院校内各层面之间。首先，省域之间的不平衡。部分省级教育行政部门重视程度有待提高，统筹推进的力度有差异。其次，院校之间的不平衡。院校对诊改工作重视程度有差异，工作推进难度大。再次，院校内各层面进展程度不平衡，总体上学校层面诊改工作开展得较好，但专业与课程层面诊改的深度、广度还有较大差距。据统计，超过三分之一的院校专业核心课程诊改没有全覆盖，近一半的院校公共必修课诊改没有全覆盖。

工作进展不平衡的原因主要有三点。一是"一校一策"的内部质量保证体系尚未建立，学校对"55821"体系架构理解不深，简单执行或照搬其他学校模式，导致新模式与原有质量管理模式、质量文化不够贴合，甚至产生冲突，影响工作推进。二是多元质量共治格局尚未形成，政府、院校、社会三者对质量共治、共享的价值理念贯彻不够，部分省（自治区、直辖市）和院校依赖上级文件推动，缺少一以贯之抓质量的恒心和质量主体意识。三是学校内部质量保证与外部保障协同机制尚未形成，少数学校内部存在评估情节或项目情节，各层面诊改参差不齐，专业与课程诊改缺少联动，校外利益相关方参与人才培养深度不够，质量反馈改进机制不健全。

二、院校内生动力不足，常态化自主保证机制尚未健全

诊改制度旨在推动院校履行质量主体责任，树立全员质量意识，然而实施现状与此还有差距：一是部分院校内生动力不足，对诊改理念认识不到位，工作主动性不够，质量自主保证意识不强。有 9 个省（自治区、直辖市）和 85 所院校反映对诊改工作重要性认识不足，对诊改理念理解不够，全员质量文化建设乏力。22 所院校反映内生动力激发不够，存在层层衰减现象和畏难情绪，观望、等待的心态比较严重。二是工作方法欠缺，

诊改方法和手段同质化，校本化特色做法和常态化运行机制没有完全形成。有 21 所院校反映数据对监测预警支撑不够，不能形成常态化监测运行机制。

问题成因主要有三个方面。第一，全员质量价值认同感还不够，"人人重视、人人创造、人人享受"的质量主体意识不强，师生内生动力有待激发。第二，院校对质量自主保证制度执行得还不够严格，对质量管理制度执行得不到位，对质量评价结论应用得不够，缺少激励机制。第三，学校对诊改工作缺少系统化顶层设计，没有校本特色，仅模仿其他学校做法，导致相关机制与自身现有目标标准体系、信息化平台不兼容，难以常态化有效运行。

三、院校信息化建设水平有待提高，信息孤岛仍未完全消除

部分院校信息化建设思路不清，存在重建设、轻应用的现象，其业务系统数据共用、共享程度还不高。比如：8 所院校反映信息化建设缺少顶层设计；125 所院校反映信息化建设难度大；456 所建有数据中心的院校中，超过一半的院校（266 所）数据量不足，仅有 190 所院校实现数据共享、共用；9 个省（自治区、直辖市）反映信息化建设进度滞后，制约了诊改推进，不足以支撑诊改；22 所院校反映校内数据标准不统一，存在信息孤岛，数据共享难。

信息化建设已经成为院校推进诊改工作的瓶颈，其主要原因：一是部分院校信息化建设顶层设计不清晰，理解有误区，存在照搬榜样学校的业务系统，或直接购买一个大系统，或等省级、国家层面建设统一平台等现象。这导致引入的系统与学校现有系统难以兼容，使用更是困难重重。二是数据支撑作用不够，现有业务系统和新建业务系统数据标准不统一，校本数据中心没有完成数据治理和清洗，无法实现数据实时采集、源头采集、及时共享，造成数据质量不高，数据口径不一，数据间有冲突，画像质量不高，难以支撑学校决策和诊改运行。

5.2 高职院校诊改制度建设的建议

当前，我国职业教育正处于提质培优、增值赋能和改革攻坚的关键时期，"提高质量、提升形象"是当前和今后一段时间职业教育的两大任务。

面对新形势、新任务、新要求，高职院校唯有持续完善办学质量监管评价机制和质量保证体系，深入推进教学工作诊改制度建设，切实发挥学校质量保证主体作用，做到"时时、处处、事事、人人"都为质量负责，方能把牢职业教育"生命线""质量关"，提升人才培养质量。

一、落实管办评分离要求，建立诊改工作常态化运行机制

根据管办评分离的要求，院校承担人才培养工作质量保证主体责任，教育主管部门负责事中、事后监管。调查显示，7个省（自治区、直辖市）建议建立推进诊改工作的长效机制，34所院校建议加强外部干预和考核，建立诊改常态化运行机制。基于此现状，笔者建议：进一步落实管办评分离要求，构建多元共治格局，强调院校在人才培养工作中的主体地位和质量保证主体责任，解决质量保证主体不清、院校观望等问题，实现诊改由被动变主动；建立诊改工作年度报告制度，利用职业院校年度质量报告诊改专栏，发布诊改工作动态，解决诊改工作中存在的项目情节问题，实现诊改由一时变日常；重视诊改复核结果的应用，将诊改工作与高职"双高"建设计划、"优质校"建设、"高水平学校"建设等重大项目结合，解决诊改工作走过场的问题，落实教育主管部门监管职责；通过多措并举，建立诊改常态化运行机制。

二、开展分层分类诊改培训，推广诊改经验和典型案例

诊改是一项创新性工作，缺乏现成经验和做法借鉴，学习就显得十分重要。各院校需要在学习中凝练理论成果，并用理论指导实践。调查显示：8个省（自治区、直辖市）建议继续开展分层培训、分类指导，139所院校建议加强理念培训和实践指导，4个省（自治区、直辖市）及49所院校建议加大试点成果总结和先进经验推介。结合省级诊改专委会和院校需求，笔者建议进一步完善全国诊改专委会、省级诊改专委会及高职院校三级培训体系，继续面向院校领导、职能部门、专业负责人、课程负责人、骨干教师等不同层次人员开展分层培训与分类指导，解决师生理念认识不到位和质量自主保证意识不强的问题。搭建优秀典型案例宣传推广平台，依托省级诊改专委会遴选各地诊改先进经验和典型做法，通过出版专著或职业教育诊改网等媒介宣传推介，为深入推进高职院校诊改制度建设提供可借鉴、可推广、可复制的范式或成功案例。

三、鼓励院校实践创新，形成具有校本特色的内部质量保证体系

诊改工作要求"用自己的尺子衡量自己"，强调的是自设目标、自定标准、自我监测、持续改进，体现的是校本特色。从全国诊改试点院校实施方案指导思想模块比较分析来看，48%的院校直接引用了教育部文件原文，仅52%的院校结合自身发展情况，提出了本校诊改工作理念。调查显示，2个省（自治区、直辖市）和8所院校建议简化体系设计，鼓励各校在内部质量保证体系架构下结合实际创新实践，形成体现院校特色的内部质量保证体系。基于院校诊改实践，笔者建议在遵循"55821"体系架构的前提下，指导和鼓励各校不断实践创新，制定"一校一策"实施方案，展现校本特色做法，提高目标、标准契合度，增强螺旋运行简便性、监测预警客观性，实现诊改由主观变客观。

四、研究信息化平台建设指南，指导院校提升信息化建设水平

信息化平台建设是高职院校教学工作诊改制度建设的重要支撑，也是提升教育教学管理信息化水平的有效路径。调查显示，有6个省（自治区、直辖市）建议尽快出台智能校园建设标准，64所院校建议制定智能化信息平台和校本数据中心建设方案。基于高职院校诊改实践及信息化标杆校建设需要，笔者建议制定智能化、信息化平台建设指南和校本数据中心建设方案，以解决院校需求不清和完全照搬的问题，指导校本数据中心建设，消除信息孤岛，实现数据共用、共享；依托智能化校园建设，统筹信息化顶层设计，综合分析完全购买式、自主研发式、定制开放式、联合开发式及二次开发式五种信息化平台建设模式优缺点，选择适合的建设模式，形成建设方案。鉴于多数学校信息化平台建设有一定的基础，笔者建议采取"建新变旧"的方式，即按统一规范的标准和技术架构建设新系统，逐步升级或变革旧系统架构，实现新旧融合。

第六章

高职院校专业认证探索实践

质量是教育事业的生命线。提高教育教学质量是教育改革永恒的主题。党中央对此高度重视，2021年，国务院原副总理孙春兰在全国职业教育大会上多次提到"质量"一词，强调要牢牢把握教育质量生命线，牢牢把住质量关，提升人才培养质量。

从唯物辩证法角度讲，影响职业教育质量的无外乎职业教育内部保证和外部评价保障两个方面。内部保证是指建立职业院校教学工作诊改制度，外部评价保障则包含了评估、专业认证等。职业教育只有不断提高质量，才能担起"为党育人、为国育才"的使命。

6.1 专业认证基本内涵

专业认证是由第三方认证机构对高校专业人才培养实施的专门性的质量认证，是国际上通行的高等教育质量外部保障制度。国外相关研究相对较早，在工程、医科、商科等领域形成了以"实质等效"为基础的若干国际互认体系。目前国际上主要有四种针对不同专业的教育认证协议：以《华盛顿协议》《悉尼协议》为代表的工程教育专业认证协议；以《堪培拉协议》为代表的建筑学教育专业认证协议；以《首尔协议》为代表的计算机和信息技术相关教育专业认证协议；以《都柏林协议》为代表的工程技术员学历（一般为两年）认证协议。

2006年3月，我国教育部全面启动了工程教育专业评估工作。中国工程教育专业认证协会组织国内高校按照《华盛顿协议》进行工程教育专业认证。2016年前后，南京信息职业技术学院等高职院校启动基于《悉尼协议》范式的专业建设实施计划，部分专业试点开展以成果为导向的质量管理。

一、诊改、评估、专业认证三者异同

从职业教育质量保证来看，诊改、评估及专业认证三者有着共同的目标，都是为了提升教育质量，实践证明这三者也是质量管理行之有效的方式，均秉承了质量持续改进的理念。可以说，诊改、评估、专业认证三者是一个整体：一是三者缺一不可，形成了职业教育内外部质量保证体系；二是三者相辅相成，减少质量管理死角、盲点；三是三者相互制约，提升学校社会可信度。然而，三者在质量保证上又有区别，主要体现在组织主体、标准设置、运作动力、运作形态、数据支撑、贡献作用六个方面。

第一，组织主体方面。专业认证和评估相似，属于质量评估。两者的组织主体不含质量管理方、办学方的其他利益相关方或第三方机构（省级教育主管部门或其聘请的评估专家组织），两者属于教育外部评价保障。而诊改是在管办评分离背景下实施的自我质量保证，属于教育内部保证，其组织主体是质量保证直接责任方（学校内各质量主体）。

第二，标准设置方面。评估标准是由组织者设定的完备的评估指标体系。以高等职业院校人才培养工作评估为例，评估标准是由领导作用、师资队伍、课程建设等7个主要评估指标和学校事业发展规划、办学目标与地位等22个关键评估要素构成的评估指标体系。高职院校自有毕业生起至有三届毕业生前必须参加一次人才培养评估。以江苏省为例，高职专业认证标准参照《江苏省高等职业教育专业认证通用规范》，与各专业类补充规范构成高职教育专业认证的完整规范体系，且参与认证专业已连续有三届毕业生。而诊改以"8"字形螺旋为基本单元，按照"事前设定目标标准、事中进行监测预警、事后开展诊断改进"流程实施，强调的是自设目标、自定标准、自我监测、自我改进，质量标准由质量主体设定，随着螺旋运行，动态调整，与时俱进。对学校没有毕业生方面的要求。

第三，运作动力方面。评估是教育行政部门对学校的要求，属于外部行政指令。同样以江苏省为例，专业认证是由学校自愿申请，经江苏省高职专业认证委员会（第三方认证机构）同意，并由第三方进校实施认证活动，属于内在需要。诊改和专业认证属于内在需要，但诊改不需要第三方同意，完全由学校根据实际需求开展。

第四，运作形态方面。评估和专业认证有相似之处，具有项目性、阶段性特点。一次评估或一次专业认证结论有效期有限，过了这个阶段后，学校需要再次参加评估或认证。而诊改具有持续性特点，与日常工作融为一体，关键在于常态化运行。

第五，数据支撑方面。三者实施有共同的特点，均依据数据和事实。相比而言，评估和专业认证数据相对静态，取的是评估或认证前某个时间节点状态值。评估和专业认证对标评价指标体系，得出相应结论。诊改更依赖信息化系统，关注的是实时轨迹、动态数据，各质量主体依托信息化平台，进行常态化监测预警和实时纠偏。职业教育质量保证体系建设研究课题组按照整合状态数据、需求评估及质量年报数据需求，服务诊改和专业认证，设计了新版高职人才培养状态数据采集与管理平台数据结构及字段解释。

新版高职院校人才培养状态数据采集与管理平台数据结构及字段解释

第六，贡献作用方面。评估和专业认证具有周期性、脉冲式激励特点，特别是在评估（专业认证）实施前后，学校集中资源配置，投入力度较大。诊改重视过程监控，具有内生持续性特点，体现在"五个转变的主攻方向"和"六个化的目标"上①。

二、专业认证的基本理念

专业认证虽说是一项质量评估制度，但其作用不能仅停留在质量评估上。各院校应通过专业认证，不断优化专业建设，提升专业质量，建立质量生成的有效机制。专业认证标准会随着通用规范域和专业领域补充规范的不同而变化。认证的核心理念应遵循基本共识，即"以学生为中心""以成果为导向""持续质量改进"的理念。各院校应将这三大理念转化为具体的质量标准、管理机制、工作流程和行为规范，落实到专业建设和人才培养工作中，从而促进质量生成。

"以学生为中心"是全面质量管理思想的关键，体现了服务学生的育人理念。服务学生是职业教育服务"两个需求"之一。各院校要将服务学生全面发展作为专业建设的出发点和落脚点。教育质量评价要关注学生学习效果。专业认证标准常将"学生"作为首要标准项，而其他标准项都围绕着如何有效支撑和保障学生达到毕业要求和培养目标而设置。

"以成果为导向"是一种教育思想。"成果导向"理念为专业建设提供了一种"反向设计、正向实施"的逻辑。首先是明确预期学习成果，即培养目标和毕业要求；其次是根据帮助学生达到预期学习成果的需要，设计和投入所需的教育教学服务及资源；再次是在实施过程中不断检视各阶段、各层面目标的达成情况，即时纠正质量偏差，完善各项支撑，以保障学生学习成果能达到预期。

"持续质量改进"是质量管理领域通用的基本理念，体现了质量生成从无到有、从有到优、不断改进的质量目标动态发展。建立质量提升的动态机制是"持续质量改进"不可或缺的内容。专业认证的"持续质量改进"理念主要体现在专业建设的各环节均要以学生的学习成果达成度为依据，进行质量监控、评价、反馈和改进。

---

① 五个转变的主攻方向，即管理变治理、被动变主动、零散变系统、主观变客观、一时变日常；六个化的目标，即治理体系最优化，管理工作标准化，教学秩序正规化，实现手段信息化，质量保障可控化，治理能力现代化。

6.2 试点学校专业认证实施办法

2021年12月，江苏省高职专业认证委员会发文公布了省级高职专业认证试点建设专业名单。扬州工业职业技术学院计算机网络技术专业入选第二批试点建设专业。该校在江苏省高等教育学会高职专业认证委员会悉心指导下，依据《江苏省高等职业教育专业认证通用规范》要求，以国家和江苏省有关高职专业建设的政策要求为指导，借鉴省内外高等教育专业认证的有益经验，结合学校试点专业实际，制定了学校专业认证实施办法（试行）。详文如下：

扬州工业职业技术学院专业认证工作实施办法（试行）

为提升专业建设水平，规范引导学校专业建设，完善人才培养质量保证体系，提高人才培养质量，结合学校具体情况，制定本办法。

一、总体要求

（一）学校以"学生中心、成果导向、持续改进"为基本理念，建设专业认证体系，引导二级学院和专业开展自我评估，实现自我发展。

（二）采取常态监测与周期性认证相结合、在线监测与专业考查相结合、定量分析与定性判断相结合、专业举证与专家查证相结合的认证方法，多维度、多视角监测评价专业教学质量状况，形成专业建设持续改进机制。

（三）对照专业人才培养目标、毕业要求，实施专业建设与专业教学全方位、全过程评价，服务教学改革，推动专业建设水平持续提升。

二、专业认证条件

专业办学条件成熟，已有三届毕业生。

三、认证内容

（一）学生发展

1. 具备符合职业教育特点和能吸引适合生源的制度措施。

2. 具备学习激励、学业指导、职业规划、就业指导、心理辅导等方面的机制，服务学生的全面发展。

3. 具备过程性评价机制，能够对学生的整个学习过程进行跟踪与评估，保障学生能达到毕业要求。

4. 具备完善的学生学习成果认定、积累和转换机制。

（二）培养目标

1. 培养目标须贯彻党的教育方针，落实立德树人根本任务，培养德智体美劳全面发展的社会主义建设者和接班人。

2. 培养目标对学生在毕业后5年左右能够达到的职业和专业成就进行总体描述，体现高职教育的培养特色，符合学校人才培养定位。

3. 培养目标的制定、定期评价与修订机制健全，为行业、企业、校友等利益相关方所理解和认同。

（三）毕业要求

1. 毕业要求明确、公开、可衡量，能够支撑培养目标的达成，并在学生培养全过程中得到分解落实。

2. 毕业要求的制定、定期评价与修订机制健全，为行业、企业、校友等利益相关方所认同。

3. 毕业要求应包括以下内容：

（1）知识储备：掌握必要的基础学科知识、专业知识以及人文社科知识，能灵活应用。

（2）问题解决：能够分析生产、建设、管理、服务一线的问题，并能设计与实施相应的解决方案，具备解决问题必需的技术技能和创新能力。

（3）工具使用：能够选择和使用适当的工具解决问题。

（4）社会责任：践行社会主义核心价值观，能够认知并履行社会责任。

（5）职业规范：理解并遵守相关职业道德和规范，履行岗位职责，具备专注、敬业的职业态度和热爱劳动、崇尚劳动、尊重劳动的职业素养。

（6）团队合作：能够运用团队成员或负责人必备的项目管理

知识和方法，并承担成员或负责人的角色。

（7）沟通交流：能够与同事、同行及社会公众进行有效沟通和交流。

（8）终身学习：具备自主学习能力和终身学习意识。

（四）课程体系

1. 课程设置能支持毕业要求的达成，课程体系为行业、企业、校友等利益相关方所认同。

（1）公共基础课程的设置符合学校有关规定。

（2）专业课程内容紧密联系生产劳动实际和社会实践，体现相应职业岗位（群）的能力要求，突出应用性和实践性。

（3）实践教学学时不少于总学时的1/2；与企业合作开展实习、实训，学生顶岗实习时间不少于6个月；开设毕业设计等综合项目课程，且选题要结合本专业的岗位实际问题，体现岗位的技术技能要求；综合项目课程的指导和考核应有行业、企业专家参与。

（4）专业总学时不少于2 500；公共基础课程学时不少于总学时的1/4；选修课学时不少于总学时的1/10。

2. 建有课程体系定期评价、优化和课程标准（课程大纲）定期审查、修订机制，课程内容能及时跟进产业发展趋势和岗位发展需求。

（五）教学实施

1. 课程教学目标明确、公开、可衡量，能够支撑毕业要求的达成；课堂教学内容、教学方法和评价方式能支撑课程教学目标的达成。

2. 课程教学体现正确的价值导向，各类课程与思政课程同向同行，形成协同效应。

3. 课程教学体现先进的教育思想和教学理念，以学生为中心，遵循学生认知规律。

4. 课程教学文件规范、完整，能够指导教学活动的实施。

5. 能合理运用信息技术、数字资源、信息化教学设施设备提高教学成效。

(六) 持续改进

1. 具备教学过程质量监控机制，主要教学环节有明确的质量要求；定期开展课程教学目标达成情况评价，评价结果用于课程质量的持续改进。对教学过程质量进行常态化监控、评价和持续改进。

2. 具备毕业要求达成情况定期评价机制，对毕业要求达成情况进行定期评价，评价结果用于课程体系与课程设置等的持续改进。评价结果用于毕业要求的持续改进。

3. 具备毕业生跟踪反馈机制和行业、企业参与的社会评价机制，对培养目标达成情况进行定期评价，评价结果用于毕业要求的持续改进。

4. 在质量评价和改进中，能充分利用信息技术，进行相关数据的收集、分析和诊断。

(七) 师资队伍

1. 教师队伍的数量、结构、专业背景、教学能力、实践能力、沟通能力等能满足教学需要；聘有参与课堂教学的行业、企业技术人员，能工巧匠，大国工匠等兼职教师不少于2名。专业教师中"双师型"教师占比超过75%；学生数与本专业专任教师数之比不高于25∶1。

2. 专业教师每5年至少有6个月的企业实践经历，具有解决企业实际问题的能力。

3. 教师投入教学和学生指导工作的时间符合学校规定，并参与教学研究与改革。

4. 教师明确自身在教学质量提升过程中的责任，参与专业培养目标、毕业要求和各类教学文件的改进和落实。

5. 学校教师队伍建设机制健全，有指导和培养青年教师，激励和帮助教师持续成长的有效举措。

(八) 支持条件

1. 各类设施、设备能够支撑毕业要求的达成；各类设施、设备有良好的管理、维护和更新机制，学生能够方便、安全地使用。

2. 提供的校内外实训、实习岗位数不低于专业学生数70%，保障学生实践学习需求；有与行业、企业合作共建的生产性实训环境或虚拟仿真实训环境。

四、认证组织

（一）认证周期

每3年为一个周期。由学校在认证前一年的年末下达认证任务，专业进行一年准备。

（二）专业自评

1. 准备期结束后，专业按要求填报有关数据信息，撰写并提交自评报告。

2. 自评报告内容应包括但不限于：

（1）专业的发展历程。

（2）专业师资状况。

（3）专业所用实训基地情况。

（4）专业人才培养方案执行情况。重点描述专业培养目标和专业毕业要求达成的保障措施。

（5）近三届专业招生情况。

（6）近三届毕业生就业情况。

（7）校企合作情况。包括主要合作企业、校外实训基地、校企人员互聘情况等。

（8）上次认证整改清单完成情况（第一次自评不需要）。

报告应对上述所列各项内容提供佐证材料。

（三）材料审核

1. 学校组织认证小组，对专业自评报告和数据报告进行审核。

2. 审核通过的专业，进入现场考察阶段。

3. 未通过审核的小组，宣布认证失败，具有一年的整改期，可接受下一次认证。

（四）现场考查

1. 认证小组在审阅专业自评报告和数据分析报告基础上，通过教师、学生访谈、听课、企业走访、集体评议等方式对专业达成认证标准情况做出评判。

2. 认证小组出具认证意见，提出整改清单。

附件：扬州工业职业技术学院专业认证自评表。

扬州工业职业技术学院专业认证自评表

6.3 省级试点专业认证报告

扬州工业职业技术学院计算机网络技术专业遵循国家和江苏省对高等职业教育专业建设的各项要求，以江苏省高职专业认证标准为指南，贯彻"学生中心、成果导向、持续改进"的专业认证理念，按照省级试点专业任务安排和进度要求，积极探索实践，扎实推进试点工作，并于2022年年底提交了自评报告。

2022年度计算机网络技术专业自评报告

为了进一步规范和完善专业体系，加大专业内涵建设力度，全面提高人才培养质量，现对计算机网络技术专业进行自评，自评情况汇报如下。

一、专业的发展历程

计算机网络技术专业（专业代码510202）是信息工程学院的骨干专业，2000年开始筹建专业，2004年招收高中毕业生开办三年制高职，至今有20年的办学历史。

（一）专业定位

专业自建立以来，坚持育人为本、德育为先，把立德树人作为教育的根本任务；主动适应经济社会发展对人才培养的要求，明确高素质技术技能型人才培养目标，以社会需求为导向，深化产教融合，拓展校企合作，强化实践教学，注重学生的全面发展。

（二）专业目标

本专业依据区域经济发展的需要，立足名城扬州，服务江苏，面向长三角，与企业紧密合作，培养从事网络组建与维护、网络通信系统的集成与安全管理，具备扎实的理论基础、较高的实践技能和较强的创新创业能力的高素质技能型网络技术人才。

二、专业师资状况

（一）师资概况

计算机网络技术专业注重师资队伍建设，采取内培外引及访问工程师制度，提高教师"双师素质"，努力建设专兼结合、职称年龄结构等合理的优秀教学团队。专业现有专兼职教师32名，其中专任教师21名。专任教师中，有江苏省"333工程"培养对象1名，江苏省青蓝工程骨干教师1名，学院学术带头人1名；高级职称教师9名，中级职称教师8名；"双师素质"教师16名；40岁以上教师12名，30~40岁教师6名，中青年结合，年龄结构合理；是一支具有较强教学与研究能力的教师队伍。

本专业与企业进行校企合作，聘请11名经验丰富的工程师、技术员担任兼职教师，充实专业教学团队，全程参与人才培养方案制定、教学计划制订、课程建设、实训项目及基地建设，同时承担生产实践、顶岗实习、毕业设计等实践性教学工作。

（二）教师教科研情况

计算机网络技术专业师资队伍和实验中心技术人员教学能力强。教授、副教授是专业教师队伍的骨干力量，为学生上课是保证职业教学水平的关键。近几年，本专业专职教授、副教授均坚持为学生上课，年平均教学工作量在400课时以上，没有低于最低工作量的情况，积极主动承担教学任务，特别是新开课和开新课。科研能力强的教师教学工作量相对小一些，从而保证科研顺利进行。

教师积极参加教学研究、教学改革，建设国家级在线课程1门，校级以上在线课程3门，主持校级以上教改课题5项，主编校企合作规划教材3本，获得省级教学能力大赛一等奖1项，指导学生获得省级双创大赛一等奖1项，省技能大赛二、三等奖多项，发表核心及省级以上论文数十篇。

三、专业所用实训基地情况

目前，计算机网络实训基地建筑面积近500平方米，包括综合机房实训室、移动互联与.NET实训室、计算机组装实训室、网络组建与管理实验室、综合布线实验室、交换路由实验室等。先后被授予挂牌思科网络学院、神州数码网络学院、锐捷网络学院等校企合作人才培养基地。实训条件完全满足专业基础课和专业核心课程的实验和实训要求，实训条件良好。

（一）校内实验（训）条件（表6-1）

表6-1 校内实训基地主要实训室名称、主要服务课程及主要实训项目一览表

序号	实训室名称	主要服务课程	主要实训项目
1	综合机房实训室	信息技术、程序设计基础、图形图像处理技术、前端设计类课程	图形图像处理、网站设计实训
2	移动互联与.NET实训室	.NET企业管理软件设计实训、PHP程序设计、python程序设计	vue及python程序类实训
3	计算机组装实训室	计算机组装与维护	计算机拆装实验实训
4	网络组建与管理实验室	网络组建与管理、Window服务器配置与管理、Linux服务器配置与管理	网络组建与管理实训、网络安全配置实训、基于Windows平台服务器配置与管理实训、基于Linux平台服务器配置与管理实训、中小型企业网络工程建设与实施实训
5	综合布线实验室	综合布线课程，同时为计算机网络专业课程实训及综合职业技能培训等提供服务	综合布线工程设计与施工实验实训
6	交换路由实验室	交换与无线设备配置、路由与语音设备配置、网络安全设备配置课程，同时为计算机网络专业课程实训及综合职业技能培训等提供服务	路由与语音设备配置实训、交换与无线设备配置实训、网络安全配置实训、系统集成工程设计与实施实训、中型企业网络工程建设与实施实训

（二）校外实训基地

与扬州思索信息技术有限公司、扬州亘大科技发展有限公司、江苏奥都智能科技有限公司、江苏海晨信息系统工程有限公司、扬州创杰信息系统集成有限公司、江苏启腾系统集成有限责任公司等企业建立稳定的校企合作关系，共建校外实训基地6个（表6-2）。这些基地不仅是学生专业实习、顶岗实习的场所，也是专业教师"访问工程师"的访问单位，为不断探索产学研一体化、工学交替的人才培养模式打下了良好的基础。

表6-2 主要校外实训基地一览表

序号	基地名称	主要项目
1	扬州思索信息技术有限公司	工学结合、顶岗实习、支持学校兼职教师
2	扬州亘大科技发展有限公司	认识实习、顶岗实习、工学交替、教师锻炼、支持学校兼职教师
3	江苏奥都智能科技有限公司	工学结合、顶岗实习、教师锻炼
4	江苏海晨信息系统工程有限公司	工学结合、顶岗实习、教师锻炼
5	扬州创杰信息系统集成有限公司	顶岗实习、工学交替、教师锻炼
6	江苏启腾系统集成有限责任公司	顶岗实习、工学交替、教师锻炼

四、专业人才培养方案执行情况

（一）专业培养目标

本专业培养思想政治坚定、德技并修、全面发展，适应扬州市软件和信息服务业及江苏省物联网、核心信息技术等产业集群发展的需要，具有良好的科学素养、职业道德和创新意识，掌握网络组建与维护、网络安全管控与运维、服务器配置与管理、网站建设和维护等知识和技术技能，面向中小微企业信息化建设、网络工程实施领域的高素质技术技能人才。

（二）专业毕业要求达成的保障措施

专业人才培养有明确、公开的培养目标及毕业要求。毕业要求应能支撑培养目标的达成。计算机网络技术专业全面响应学校

和学院的质量监控,保障毕业生人才培养质量。主要的措施包括以下几个方面:

1. 加强院长、教研室主任工作职责,开展集体听课和观摩教学活动。

2. 改革考核评价制度,加强过程性考核,实现考核、考试的客观、公正。

3. 完善实验室管理制度,高质量完成实践教学任务。

4. 制定更为积极的奖励机制,鼓励和支持教学改革研究、在线课程建设、参与或指导各级各类大赛等工作。

5. 定期开展教学检查、学生教学信息反馈等座谈会,不断完善日常教学管理信息反馈、同行评教、学生评教、督导组评教、各类教学检查等日常质量监控体系建设。

6. 成立毕业要求达成度评价小组,确定和审查本专业各条毕业要求各指标点分解和相关主要支撑课程的合理性,确定各指标点支撑课程的权重值,制定和审查评价方法,收集数据,实施评估,提出持续改进要求。

五、近三届专业招生情况

近三届信息工程学院计算机网络技术专业学生报到率如表6-3所示。

表6-3 近三届计算机网络技术专业招生情况

专业	年份	录取	报到	报到率
计算机网络技术	2019年	295名	282名	95.59%
	2020年	183名	174名	95.08%
	2021年	133名	127名	95.49%

六、近三届专业就业情况

根据麦克思毕业生质量报告和信息工程学院学工办招生就业平台系统数据查询结果,近三届计算机网络技术专业学生的初次就业率情况如表6-4所示。

表 6-4　近三届计算机网络技术专业就业情况

专业	年份	初次就业率	平均值
计算机网络技术	2019 年	95.59%	
计算机网络技术	2020 年	91.03%	95%
计算机网络技术	2021 年	98.38%	

七、专业校企合作情况

依托校企合作基地，计算机网络技术专业成立了由企业行业专家、企业专业技术骨干、学校专业带头人和骨干教师组成的专业建设委员会。专业建设委员会研讨校企合作途径、方法，分析 IT 行业发展需求和职业岗位对人才的要求，确定专业培养目标及其岗位（群）所需的知识和能力，审定计算机网络技术专业人才培养方案，建立校外实习基地，安排实践教学，负责"双师素质"教师的培养。校企双方教师员工实行互兼互聘，共同制定人才培养质量的评价标准，形成互动双赢的校企合作育人机制。

（一）建立校企合作企业工作站

计算机网络技术专业与扬州思索信息技术有限公司、扬州亘大科技发展有限公司、江苏奥都智能科技有限公司、江苏海晨信息系统工程有限公司、扬州创杰信息系统集成有限公司、江苏启腾系统集成有限责任公司建立校企合作工作站，选派负责人负责校企联络、学生实习岗位落实、学生教育管理和科技研发等工作。通过企业工作站，教师既能在企业进行实践锻炼和科技服务，又能对顶岗实习学生进行教育和管理。

（二）与企业共建专业教学资源库

计算机网络技术专业与华为技术有限公司、奇安信科技集团股份有限公司等企业专家共同开发项目化课程教材，包括配套教学资源，如项目指导书、项目任务书和项目考核标准等。校企建立课程实训和毕业顶岗实习的管理机制，规范专业实习的管理制度、过程控制和考核标准，共同推进专业实习的力度和广度，提高实践性教学的有效性，提高学生的专业技能水平。

八、专业建设特色

计算机网络技术专业的建设紧紧围绕校企合作、产教结合，力求人才培养与产业创新、企业需求同频共振，适应区域经济和重点产业发展。

本专业与中国网络安全市场的领军者奇安信、中国通信龙头企业华为合作共建，构建系统化岗课赛证融通的校企合作体系。主要从以下几个方面不断推进专业特色建设：

1. 师资共享：企业派遣工程师常驻学校，担任校外兼职教师。

2. 基地共建：校企共建校级实训基地、培训考试基地，不仅满足学生学习、比赛和考证需要，也欢迎社会人士前来参加考证。

3. 课程共建：企业提供丰富的实践案例，由学校教师团队加以改进，以适合课堂讲授，同时由一线工程师开设短期的实践课程，增强学生学以致用的能力。

4. 过程共管：在校企深度融合基础上，试点新型学徒制合作，实施学生的订单培养。学校定期开展对企业的员工培训，并推荐优秀学生进入企业实习。

5. 成果共享：组建产业学院，校企合作进行专业建设、专业教学资源开发、社会服务，企业、学校共享教学、技术和专利资源。

6. 及时更新：企业会对学校设立的校企合作实践课程进行跟踪调查，并和专业教师一起及时调整和更新课程。

本专业将继续探索校企合作育人机制，确保人才培养质量，不断打造专业建设特色。

附：计算机网络技术专业认证自评表（2022年）

计算机网络技术专业认证自评表（2022年）

参考文献

1. 林宇. 21世纪以来高等职业教育发展的回顾与思考[J]. 中国职业技术教育, 2022(15): 5-12.

2. 杨应崧, 袁洪志. 职业院校内部质量保证体系运行基本单元探析[J]. 江苏高职教育, 2020, 20(4): 21-26.

3. 王如荣, 袁洪志, 杨应崧. 全国高职院校教学工作诊断与改进制度建设情况的调查研究[J]. 黑龙江高教研究, 2022(8): 134-139.

4. 王如荣, 傅伟, 袁洪志. 高职院校教学工作诊断与改进制度建设：现状调查、案例分析与发展思考[J]. 职业技术教育, 2021, 42(36): 50-55.

5. 徐国庆. 构建中国特色的职业教育专业认证体系[J]. 教育发展研究, 2018, 38(7): 21-27+39.

6. 徐胤莉. "双高"建设背景下探索高职专业认证的思考[J]. 江苏航运职业技术学院学报, 2021, 20(3): 47-51.

7. 袁洪志. 高等职业院校内部质量保证体系建立与运行实务[M]. 南京：南京大学出版社, 2021.

8. 袁洪志, 陈向平, 等. 高职院校内部质量保证体系与诊改机制研究[M]. 南京：南京师范大学出版社, 2020.

9. 龚方红, 姜敏凤, 王鑫芳, 等. 高职院校质量保证体系诊断与改进：无锡职业技术学院实践案例[M]. 北京：电子工业出版社, 2020.

后 记

在本书即将出版之际,回首近五年诊改理论研究和探索实践,以及各兄弟院校同仁对职业教育内部质量保证体系建设的实践,我甚感欣慰。

本书是江苏省教育科学"十四五"规划课题"职业教育质量评价与监测指标体系研究"、江苏省2022年教育评价改革试点项目"省域高职教育质量监测与评价体系改革与建设""内部质量监测与评价体系综合改革实施方案"、扬州工业职业技术学院2022年度教改课题"新时代高职教育质量评价体系研究"的阶段性研究成果,对高职院校增强质量主体意识,深入推进诊改工作,切实履行人才培养质量主体责任具有参考意义;对探索实施高职专业认证,建立教育内部保证和教育外部评价协调配套的共同保障质量局面具有指导意义和借鉴价值。质量对学校来说,是永恒的主题,也是学校人才培养和内涵发展的核心问题。关于构建科学的高职院校质量保证体系,持续增强高职院校自主保证人才培养质量的能力,促进学校治理体系和治理能力现代化的研究还有待进一步深化、拓展和完善。

本书的出版得到了全国职业院校教学工作诊断与改进专家委员会和扬州工业职业技术学院、无锡职业技术学院、常州工程职业技术学院、黄河水利职业技术学院、滨州职业学院、淄博职业学院、江苏航运职业技术学院、南京信息职业技术学院等院校的大力支持。感谢上述院校参与诊改工作和案例撰写的同仁的辛苦付出!

由于时间仓促,本书内容还不够全面系统,不足之处在所难免,恳请各位读者提出宝贵意见。